徹底比較！
個人版事業承継税制・小規模宅地特例の活用マニュアル

税理士 今仲 清 [著]

ぎょうせい

はじめに

　平成20年5月に中小企業経営承継円滑化法が成立し、政府は中小企業の円滑な承継を行えるよう民法特例と金融支援を平成20年10月から施行しました。税制については非上場株式等の事業承継税制が翌平成21年3月に成立し同年4月から施行されました。しかし、中小企業が利用するには手続の煩雑さと適用後のリスクが問題となりあまり利用されていませんでした。そこで、平成30年度税制改正で抜本的に特例事業承継税制として改正されその利用が飛躍的に増加しています。

　特例事業承継税制は法人の株式等にのみ適用でき、個人事業者の事業用資産については土地等の小規模宅地等の特例しかありませんでした。そこで、個人事業用の土地等を含む事業用資産のうち特定事業用資産に対応する贈与税・相続税の全額の納税を猶予することができる個人版事業承継税制が創設され、平成31年から適用することができることとなりました。個人版事業承継税制は、法人版事業承継税制と同じように経営承継円滑化法に基づく都道府県知事による事業承継計画の確認を受け、贈与又は相続等の後に都道府県知事の認定を受けることになります。したがって、適用を受けるための手続や適用要件等は法人版事業承継税制に準拠しています。

　土地等については小規模宅地等の特例の特定事業用宅地等の減額制度との選択適用となっており、その適用については要件の確保とともにいずれの適用を受けたほうが有利かの判定が重要となります。

本書は個人版事業承継税制の適用を受けるための手続・要件をまとめるとともに、小規模宅地等の特例との比較及び選択ポイントについて事例を基にまとめました。皆様の選択適用の意思決定の参考となれば幸いです。

令和元年7月

今仲　　清

目　次

第Ⅰ章　個人の特定事業用資産に係る納税猶予制度の全体像

1　個人版事業承継税制創設の趣旨 ……………………………………… 2

2　事業承継計画の都道府県への提出が条件 …………………………… 4

3　個人事業用資産の贈与税の納税猶予・免除の概要 ………………… 8

4　個人事業用資産の相続税の納税猶予・免除の概要 ………………… 12

5　特定事業用資産の範囲と想定適用対象者 …………………………… 15

第Ⅱ章　個人事業承継計画の手続と贈与・相続等後の認定要件

6　個人事業承継計画の作成 ……………………………………………… 22

7　認定経営革新等支援機関の所見等 …………………………………… 28

8　中小企業者の範囲 ……………………………………………………… 37

9　特定事業用資産の相続等の場合の相続税の納税猶予適用の
　　認定要件 ………………………………………………………………… 38

10　資産保有型事業と資産運用型事業 …………………………………… 42

11　特定事業用資産の贈与の場合の贈与税の納税猶予の認定要件 … 45

12　先代事業者以外の生計一親族からの1年以内の贈与又は相続等 … 51

13　先代事業者から複数の後継者に贈与できる場合 …………………… 54

14　第一種贈与認定に係る都道府県知事への認定申請書の書き方 … 55

15　第一種贈与認定個人事業者の認定申請添付書類 ………………… 63

16　第一種相続認定に係る都道府県知事への認定申請書の書き方 … 69

17　第一種相続認定個人事業者の認定申請添付書類 ………………… 77

第Ⅲ章　贈与税の納税猶予の適用から免除

18　特定事業用資産の贈与税の納税猶予の税務上の要件等 ┈┈┈┈ 84

19　特定事業用資産の贈与税の納税猶予税額の計算 ┈┈┈┈┈┈┈ 89

20　相続時精算課税による贈与でリスク低減 ┈┈┈┈┈┈┈┈┈ 94

21　贈与税の納税猶予税額の免除、期限確定事由と納付 ┈┈┈┈ 99

22　特例受贈事業用資産の買換承認 ┈┈┈┈┈┈┈┈┈┈┈┈ 105

23　事業継続が困難な事由が生じた場合の納税猶予税額の免除 ┈ 109

24　贈与者が贈与税申告期限までに死亡した場合の取扱い ┈┈┈ 113

25　特例対象贈与に係る贈与者の前の贈与者が贈与税の申告期限
　　前に死亡した場合 ┈┈┈┈┈┈┈┈┈┈┈┈┈┈┈┈┈ 115

26　特例受贈事業用資産の贈与に係る贈与税について修正申告等が
　　あった場合 ┈┈┈┈┈┈┈┈┈┈┈┈┈┈┈┈┈┈┈┈ 117

第Ⅳ章　相続税の納税猶予の適用から免除

27　特定事業用資産の相続税の納税猶予・免除の適用要件 ┈┈┈ 120

28　個人特定事業用資産の相続税の納税猶予税額の計算 ┈┈┈┈ 124

29　相続税の納税猶予税額の免除、期限確定事由と納付 ┈┈┈┈ 130

30　特例相続等事業用資産の買換承認 ┈┈┈┈┈┈┈┈┈┈┈ 136

31　特例受贈事業用資産の相続等に係る相続税について修正申告
　　等があった場合 ┈┈┈┈┈┈┈┈┈┈┈┈┈┈┈┈┈┈ 140

第V章　贈与税の納税猶予から相続税の納税猶予への切替確認

32　贈与者が死亡した場合の切替確認 ────────── 148

33　複数後継者の場合の切替確認と２代目から３代目への贈与後
　　の切替確認 ─────────────────── 151

34　先代事業者が死亡した場合の相続税納税猶予への切替確認書
　　────────────────────────── 153

35　納税猶予適用開始後法人成りした場合 ────────── 158

第VI章　小規模宅地等の特例の全体像

36　小規模宅地等の特例 ──────────────── 164

37　減額割合の調整計算 ──────────────── 166

38　特定居住用宅地等の適用要件等 ──────────── 169

39　配偶者居住権に係る特定居住用宅地等の特例適用面積 ───── 178

40　特定同族会社事業用宅地等の適用要件 ───────── 183

41　貸付事業用宅地等の適用要件 ────────────── 185

42　「生計を一にする」とは ────────────── 190

第VII章　特定事業用宅地等の適用要件

43　特定事業用宅地等の適用要件 ──────────── 192

44　生計一親族は特定居住用宅地等と特定事業用宅地等の
　　完全併用 ─────────────────── 196

45　小規模宅地等の特例の適用を受けるための手続 ────── 200

第VIII章　個人版事業承継税制と小規模宅地等の特例の選択

46　個人版事業承継税制と小規模宅地等の特例の適用関係──── 204

47　個人版事業承継税制と小規模宅地等の特例の選択の事例検討
　　────────────────────────── 206

第 I 章

個人の特定事業用資産に係る納税猶予制度の全体像

1 個人版事業承継税制創設の趣旨

Q 2019年から個人の事業を承継する場合の贈与税及び相続税の納税猶予制度が創設されたそうですが、その背景を教えてください。

A 全国に個人事業者が209万者おられますが、2025年にはそのうち約73％の150万者の事業主が70歳以上になります。その事業承継を少しでも早く実現させ、雇用とGDPの確保を急ぐ必要があります。

1 個人事業主の高齢化が待ったなしの状況に

日本の事業主のうち個人事業として行われているのは約209万者です。この個人事業主のうち150万人が2025年には70歳以上となります。高齢になればなるほど体力的にも精神的にも事業を拡大・承継していくことが困難になります。このままですと多くの個人事業が廃業に追い込まれる可能性があります。そこで、政府は2019年度税制改正において、個人事業を承継するために特定事業用資産を事業後継者に贈与又は相続等した場合に、課税される贈与税又は相続税の特定事業用資産に対応する税額の全額について納税を猶予する税制を創設しました。これによって、約130万人の雇用と約2兆円のGDPを確保されることが期待されています。

2 若い経営者ほど事業は伸びている

直近3年間の売上高が増加しているのは経営者の年齢が30歳以上40歳未満の層で51.2％と一番多く、70歳以上の経営者の事業売上高は14.4％の中小事業者しか上昇しておらず、40.9％も売上高が減少しています。やはり若くて能力の高い経営者への少しでも早い事業承継が求められるといえるでしょう。

図表Ⅰ－1　中小企業・小規模事業者の経営者の2025年における年齢

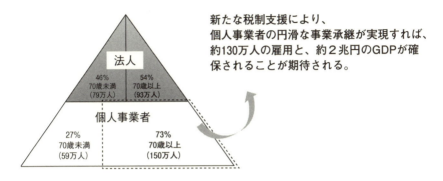

（出典）中小企業庁HP「平成31年度中小企業・小規模事業者関係税制改正について」

図表Ⅰ－2　経営者年齢別売上高増減傾向

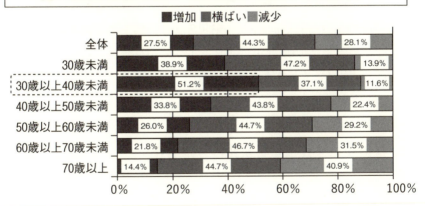

（出典）中小企業庁HP「平成31年度中小企業・小規模事業者関係税制改正について」

1　個人版事業承継税制創設の趣旨　　3

2 事業承継計画の都道府県への提出が条件

Q 個人事業主が特定事業用資産を後継者に贈与したときの贈与税の全額及び先代経営者死亡時の相続税の全額が猶予される個人版事業承継税制ができたそうですが、その全体像を教えてください。

A 個人版事業承継税制の適用を受けるためには、原則として2019年（平成31年）4月1日から2024年（令和6年）3月31日までの間に都道府県に対して「個人事業承継計画」を提出しなければなりません。ただし、個人事業承継計画を提出しないでも2019年（平成31年）1月1日から2024年（令和6年）3月31日までに先代経営者が死亡した場合でも特定事業用資産に対応する相続税の納税猶予を受けることができます。

1 個人事業承継計画の都道府県への提出

特定事業用資産を一括贈与又は相続又は遺贈により後継者が取得した場合に贈与税又は相続税の全額の納税を猶予される納税猶予制度は、原則として2019年（平成31年）4月1日から2024年（令和6年）3月31日までに認定経営革新等支援機関の指導・助言を受けて作成した「個人事業承継計画」を都道府県に提出した場合に限って適用することができます。

2 提出前に先代事業者が死亡した場合

2019年（平成31年）1月1日から2024年（令和6年）3月31日までに「個人事業承継計画」を都道府県に提出しないで先代事業者が死亡した場合には、死亡後に一定の手続きをすることによって特定事業用資産に対する相続税の納税猶予の適用を受けることができます。

3 適用を受けるためには一定の要件を満たす必要がある

　個人版事業承継税制の適用を受けるためには、中小企業者であることや性風俗営業をしていないこと、資産保有型事業や資産運用型事業でないことなど一定の要件を満たしていなければなりません。また、先代事業者は65万円の青色申告特別控除を受けている青色申告者でなければならないなど一定の条件を満たしていなければなりません。後継者についても、贈与の場合には20歳以上でかつ贈与の日まで3年以上特定事業用資産に係る事業に従事していた、贈与の時から贈与税の申告期限まで引き続きその特定事業用資産の全てを所有し、事業の用に供していることなどの要件を満たさなければ適用を受けることができません。

4 個人事業承継計画を提出しないで2024年（令和6年）4月1日以後に先代事業者が死亡した場合

　2024年（令和6年）3月31日までの「個人事業承継計画」提出期限までに個人事業承継計画を提出しないで2024年4月1日以後に先代事業者が死亡した場合には、個人版事業承継税制の適用を受けることができません。

5 個人事業承継計画を提出しても2028年（令和10年）12月31日までに贈与しなければならない

　2024年（令和6年）3月31日までに個人事業承継計画を提出した場合には、個人版事業承継税制の適用の権利を手に入れたことになりますが、2028年（令和10年）12月31日までに特定事業用資産を後継者に贈与しなければ個人版事業承継税制の適用権利を喪失することになります。また、2024年（令和6年）4月1日から2028年（令和10年）12月31日までの間に先代事業者が後継者に特定事業用資産を贈与する前に死亡しても、個人版事業承継税制による相続税の納税猶予の適用を受けることができます。

6 個人事業承継計画を提出せず2024年（令和6年）4月1日以後に贈与した場合

　個人事業承継計画の提出をせずに2024年（令和6年）3月31日までの提出期間を過ぎてしまった後に贈与した場合については、適用のための要件をすべて満たしても、個人版事業承継税制の適用を受けることができません。

図表Ⅰ－3　個人事業承継計画の提出・認定・贈与・相続関係図

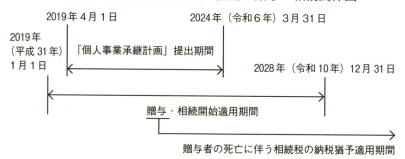

7 2028年（令和10年）12月31日までの贈与等に対応する相続税も個人版事業承継税制の適用

　2024年（令和6年）3月31日までに個人事業承継計画を提出し、2028年（令和10年）12月31日までに特定事業用資産の贈与を受けて個人版事業承継税制の適用を受けると、贈与した先代事業者が死亡した場合には、猶予されていた贈与税の全額が免除となり、贈与時点の特定事業用資産の評価額を相続財産とみなして相続税が課税されますが、切替確認が認められるとその特定事業用資産に対応する相続税額の全額が猶予されます。先代事業者の死亡時期が20年先であろうと30年先であろうと、このことに変わりはありません。

8　個人事業承継計画

　認定経営革新等支援機関の指導及び助言を受けた中小企業者である個人事業者が作成した計画であって、被相続人、後継者、承継までの経営見通し、承継後の事業計画等が記載されたもので、2019年（平成31年）4月1日から2024年（令和6年）3月31日までに都道府県に提出されたものをいいます。

3 個人事業用資産の贈与税の納税猶予・免除の概要

Q 　個人事業用資産の贈与税の納税猶予・免除制度の概要を教えてください。

A 　個人事業承継計画の確認を受けた個人事業承継者が先代事業者から特定事業用資産の全ての贈与を受け、都道府県知事の認定を受けた上で税務署に開業届及び青色申告承認申請を行い、贈与税の申告期限までにこの制度の適用を受けるための贈与税申告書及び一定の書類を税務署に提出し、一定の担保を提供します。適用要件を満たしていれば暦年贈与又は相続時精算課税によって計算した贈与税額全額の納税が猶予されます。贈与した先代事業者が死亡した場合には、猶予されていた贈与税の全額が免除となり、贈与時点の特定事業用資産の評価額を相続財産とみなして相続税が課税され、切替確認が認められるとその特定事業用資産に対応する相続税額の全額が猶予されます。

1　2024年（令和6年）3月31日までに個人事業承継計画を提出し確認を受ける

　個人事業用資産の贈与税の納税猶予の適用を受けるためには、2024年（令和6年）3月31日までに個人事業承継計画を記載した確認申請書を都道府県知事に提出し、確認書の交付を受けておかなければなりません。なお、2024年（令和6年）3月31日までは特定事業用資産の贈与後に確認申請書を提出して確認を受けても適用が可能です。

2　特定事業用資産の全ての贈与を受ける

　次に、先代事業者が保有している特定事業用資産の全ての贈与を受けます。贈与を受けた後でなければ都道府県知事の認定を受けることはできません。

8　第Ⅰ章　個人の特定事業用資産に係る納税猶予制度の全体像

3　都道府県知事の認定

　後継者である受贈者としての要件、先代事業者である贈与者の要件その他の要件を満たしていることについて、都道府県知事の「経営承継円滑化法による認定」を受けなければなりませんが、そのための申請は贈与を受けた年の翌年1月15日までに都道府県知事に対して行う必要があります。なお、先代経営者と生計を一にする親族が所有する特定事業用資産の贈与は、先代事業者からの贈与の日から1年を経過する日までに行い、先代経営者と生計を一にする親族から贈与を受けた日の翌年1月15日までに都道府県知事に認定申請を行わなければなりません。

4　税務署への開業届等

　特定事業用資産の全ての贈与を受け事業を承継した後継者である受贈者は、事業開始の日（贈与の日）から1か月以内に開業届を税務署に提出しなければなりません。次に、業務を開始した日（贈与の日）から2か月以内に青色申告の承認申請書を提出しなければなりません。青色申告の承認申請については、後継者がすでに他の個人業務を行っている場合には、青色申告をしようとする年分のその年の3月15日までに申請を行うことが必要です。

5　贈与税の申告と担保の提供

　特定事業用資産の贈与を受けた年の翌年3月15日までに、都道府県知事から交付を受けた認定書その他の書類を添付して税務署長に特定事業用資産に対応する贈与税の全額の納税猶予の適用を受けるための贈与税申告書を提出しなければなりません。その際には定められた担保を提供する必要があります。

3　個人事業用資産の贈与税の納税猶予・免除の概要　　9

図表Ⅰ-4　個人版事業承継・贈与税の納税猶予制度の概要

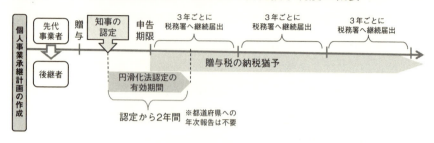

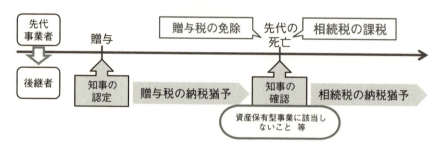

（出典）　中小企業庁HP「個人版事業承継税制の前提となる経営承継円滑化法の認定申請マニュアル」

図表Ⅰ-5 個人事業者の贈与税の納税猶予制度の適用要件等

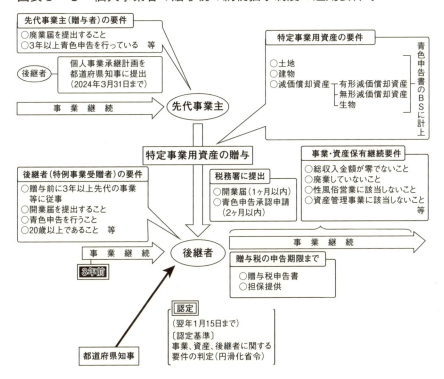

3 個人事業用資産の贈与税の納税猶予・免除の概要

4 個人事業用資産の相続税の納税猶予・免除の概要

> **Q** 個人事業用資産の相続税の納税猶予・免除制度の概要を教えてください。

A 個人事業承継計画の確認を受けた個人事業承継者が先代事業者から特定事業用資産を相続等によって取得して税務署に開業届及び青色申告承認申請を行い、都道府県知事の認定を受けた上で相続税の申告期限までにこの制度の適用を受けるための相続税申告書及び一定の書類を税務署に提出し、一定の担保を提供します。

被相続人が相続開始時点に所有している財産及び債務を基に計算した相続税の総額のうち、後継者が相続等によって取得した財産に対応する相続税額を計算します。次に後継者は特定事業用資産のみを取得したものと仮定して相続税の総額を計算し、特定事業用資産に対応する相続税額が納税猶予税額となります。最初に計算した後継者の相続税額から猶予税額を控除した金額が後継者の相続税の納税額となります。

猶予された相続税額は、後継者が死亡するまでの間事業を継続し、特定事業用資産を保有し続けることが原則です。後継者が死亡した時点で猶予税額は免除となります。

1 令和6年3月31日までに個人事業承継計画を提出し確認を受ける

個人事業用資産の相続税の納税猶予の適用を受けるためには、令和6年3月31日までに個人事業承継計画を記載した確認申請書を都道府県知事に提出し、確認書の交付を受けておかなければなりません。なお、令和6年3月31日までは相続後に確認申請書を提出して確認を受けても適用が可能です。

12　第Ⅰ章　個人の特定事業用資産に係る納税猶予制度の全体像

2　都道府県知事の認定

　後継者である相続人等としての要件、先代事業者である被相続人の要件その他の要件を満たしていることについて、都道府県知事の「経営承継円滑化法による認定」を受けなければなりませんが、そのための申請は先代事業者の相続開始後 8 か月以内に都道府県知事に対して行う必要があります。なお、先代経営者と生計を一にする親族が所有する特定事業用資産の贈与・相続等は、先代事業者からの相続開始の日から 1 年を経過する日までのものに限定されています。

3　税務署への開業届等

　特定事業用資産を承継した後継者である相続人等は、事業開始の日から 1 か月以内に開業届を税務署に提出しなければなりません。次に、相続開始を知った日に応じて次に掲げる日までに青色申告の承認申請書を提出しなければなりません。後継者がすでに他の個人業務を行っている場合には、青色申告をしようとする年分のその年の 3 月 15 日までに申請を行うことが必要です。

図表Ⅰ－6　青色申告承認申請期限

死亡の日	申請期限
その年 1 ／ 1 ～ 8 ／ 31	死亡の日から 4 か月以内
その年 9 ／ 1 ～ 10 ／ 31	その年 12 ／ 31 まで
その年 11 ／ 1 ～ 12 ／ 31	その年の翌年 2 ／ 15 まで

（出典）　国税庁 HP「個人版事業承継税制のあらまし」

図表Ⅰ-7　個人版事業承継・相続税の納税猶予制度の概要

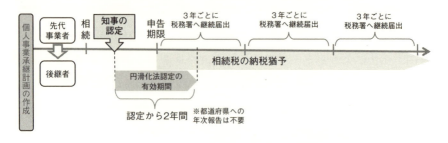

（出典）　中小企業庁HP「個人版事業承継税制の前提となる経営承継円滑化法の認定申請マニュアル」

図表Ⅰ-8　個人事業者の相続税の納税猶予制度の適用要件等

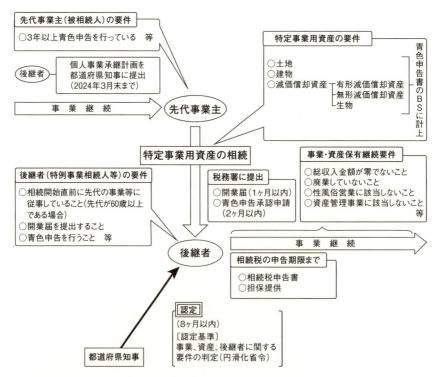

14　第Ⅰ章　個人の特定事業用資産に係る納税猶予制度の全体像

5 特定事業用資産の範囲と想定適用対象者

Q 個人版事業承継税制の適用対象となる資産の範囲とどのような個人事業者を対象として想定しているのか教えてください。

A 個人版事業承継税制の適用対象となる資産は特定事業用資産としてその個人が所有する資産のうち特定のものに限定されます。また、適用対象となるのは個人事業者ですが、病院・診療所、旅館、酒蔵、税理士・公認会計士・弁護士・司法書士などの士業、農業、林業、水産業、個人経営の塾・学校などが考えられます。

1 適用対象事業用資産は青色申告決算書に記載されているものに限る

特定事業用資産は、贈与者又は被相続人（その贈与者又は被相続人と生計を一にする配偶者その他の親族を含む）の事業（不動産貸付業、駐車場業、自転車駐車場業を除く）の用に供されていた次の資産（その贈与者の贈与の日の属する年の前年分又は被相続人の相続開始の日の属する年の前年分の事業所得に係る青色申告書の貸借対照表等に計上されているものに限る）に限定されます。下宿等のように部屋を使用させるとともに食事を供する事業は、「不動産貸付業その他政令で定めるもの」には該当しないため、適用対象事業となります。

① 土　地 ＝ 面積 400㎡までの部分

② 建　物 ＝ 床面積 800㎡までの部分

③ 減価償却資産（固定資産税又は営業用として自動車税若しくは軽自動車税の課税対象となっているものその他これらに準ずるものに限る）＝ 青色申告書に添付される貸借対照表に計上されているもの

図表Ⅰ－9　多様な資産が対象

① 多様な事業用資産が対象

事業を行うために必要な多様な事業用資産が対象

○ **土地・建物**（土地は400m^2、建物は800m^{2}まで）
○ **機械・器具備品**
　（例）工作機械・パワーショベル・診療機器　等
○ **車両・運搬具**
○ **生物**（乳牛等、果樹等）
○ **無形償却資産**（特許権等）

【工作機械】【診療機器】

（出典）　中小企業庁HP「平成31年度中小企業・小規模事業者関係税制改正について」

図表Ⅰ－10　特例（受贈）事業用資産の範囲

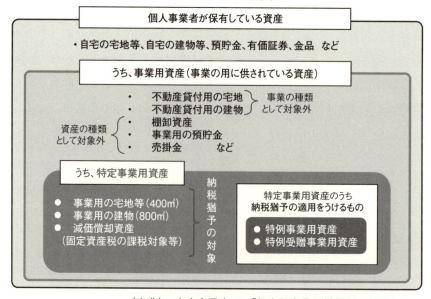

（出典）　中小企業庁HP「個人版事業承継税制の前提となる経営承継円滑化法の認定申請マニュアル」

2 複式簿記で記帳した帳簿での青色申告が対象

　贈与者又は被相続人の事業について、その贈与の日の属する年、その前年、その前々年の確定申告書を65万円青色申告特別控除の適用（正規の簿記の原則によるもの）を受けて提出していたことが必要で、受贈者又は相続人等がその特定事業用資産に係る事業について開業から1か月以内に開業届を提出し、青色申告の承認を受けて65万円青色申告特別控除の適用を受けていること又は受ける見込みであることが必要です。

3 先代事業者以外の所有者からの贈与・相続も可能に

　贈与者又は被相続人と生計を一にする配偶者その他の親族及びこれに類する者の事業の用に供されていた資産（その贈与者の贈与の日の属する年の前年分又はその被相続人の相続の開始の日の属する年の前年分の事業所得に係る青色申告書の貸借対照表等に計上されているものに限る。）で、被相続人の相続開始の日の翌日から1年以内に贈与又は相続等により取得するものも対象となります。

4 贈与者の事業の用に供されていた宅地等の範囲

　「贈与者の事業の用に供されていた宅地等」として、贈与者（生計を一にする親族等を含みます。）の事業の用に供されていた建物又は構築物で、その贈与者が所有していた者又はその贈与者の親族（生計一親族等を除きます。）が所有していたものの敷地の用に供されていたものをいいます。この場合、その贈与者がその建物又は構築物をその親族から無償で借り受けていた場合における建物および構築物に限ります。ここでいう無償には、相当の対価に至らない程度の対価の授受がある場合を含みます。相続等の場合についても同様です。

5 使用人の寄宿舎等の敷地

　贈与者の営む事業に従事する使用人の寄宿舎等の用に供されていた建物およびその敷地の用に供されていた宅地等は、その贈与者のその事業に係る特定事業用資産に該当します。ただし、贈与者の親族のみが使用

していたものは除きます。相続等の場合においても同様です。

6　リース資産の取扱い

　リース資産であっても、そのリース資産の賃借人である贈与者が固定資産の償却資産税の申告を行っているものについては、特定事業用資産となる減価償却資産に該当します。相続等の場合についても同様です。

7　適用すると考えられる対象者

　個人事業の経営者から事業を承継するにあたって、特定事業用資産の全ての贈与を受け、若しくは相続等によって取得をする場合に適用されます。ある程度の規模の事業を行っている場合には法人化していることが多く、その場合には個人版事業承継税制ではなく非上場株式等の納税猶予の適用を受けることになります。医療法人や弁護士法人、税理士法人、監査法人等は非上場株式等の納税猶予の適用対象となっていませんが、個人で事業を行っている病院・診療所、弁護士、税理士、公認会計士、不動産仲介業、旅館業、町工場などは個人版事業承継税制の適用を受けることが考えられます。もちろん、これら以外の農業、林業、水産業、個人経営の塾・学校など様々な個人事業も対象となります。

（参考）個人版事業承継税制の制度適用が想定される事業者

（出典）中小企業庁HP「事業承継・創業政策について」（平成31年2月5日）

20　第Ⅰ章　個人の特定事業用資産に係る納税猶予制度の全体像

第 II 章

個人事業承継計画の手続と
贈与・相続等後の認定要件

6 個人事業承継計画の作成

Q 2024年（令和6年）3月31日までに都道府県知事あてに提出する確認申請書の個人事業承継計画に記載する内容はどの様なものでしょうか？

A 　個人事業承継者が都道府県知事あてに提出する確認申請書の個人事業承継計画には、事業内容、常時使用する従業員数、先代経営者の氏名、個人事業承継者の氏名、特定事業用資産を承継する予定時期、経営上の課題と対応、承継後の経営計画などを記入して申請します。

1　個人事業承継計画

　個人事業承継計画には、事業内容、常時使用する従業員数、先代経営者の氏名、個人事業承継者の氏名、特定事業用資産を承継する予定時期、経営上の課題と対応、承継後の経営計画、経営革新等支援機関の所見などを記入して個人事業承継者が都道府県知事あてに申請します。

　A4の用紙3枚に承継の簡単な計画を記載すればよいこととされています。その様式と製造業の記載例は25 ～ 27ページのようなものです。

2　常時使用従業員数

　「常時使用する従業員の数」は、認定経営革新等支援機関が「指導・助言を行った年月日」における従業員数を記入します。非上場株式等の納税猶予のための特例事業承継計画の申請では、平成31年3月31日までは従業員数を証明する書類の提出が必要でしたが、平成31年4月1日以後は不要となりました。個人事業承継計画の確認申請では当初から従業員証明書の提出は不要です。

3　先代事業者

先代事業者の欄にはこの申請を行う時点の個人である中小企業者を記入します。

4　先代事業者が有する特定事業用資産を個人事業承継者が取得するまでの期間における経営の計画について

「4　先代事業者が有する特定事業用資産を個人事業承継者が取得するまでの期間における経営の計画について」は次のような内容となっていますが、特定事業用資産を個人事業承継者が取得した後に本申請を行う場合には、記載を省略することができます。

⑴　承継の時期

贈与の場合の認定申請時には個人事業承継者はその事業に3年以上従事していなければなりませんが、申請時点ではそのような制限はありません。先代事業者が保有する特定事業用資産を個人事業承継者が取得するまでの時期は2028年（令和10年）12月31日までであればよいのですが、適切な時期を記載することになります。

⑵　承継時期までの経営上の課題と対応

先代事業者と事業承継者は、自者の強み・弱みを明確にして限られた経営資源を時代の流れに適応する分野に集中することでの課題への対応を明確にしなければなりません。

5　承継後の経営計画

明確にした経営上の課題と対応を承継後の具体的な実施内容として経営計画にまとめます。これらは綿密なものでなく、概要でよいこととされています。

6　認定経営革新等支援機関の所見等

認定経営革新等支援機関は、認定を受けているID番号、名称、代表者の氏名、住所及び指導・助言を行った年月日を記載し、指導・助言した内容を「認定経営革新等支援機関による所見等」の欄に記載します。

7 計画の内容変更は変更申請書を提出

個人事業承継計画の確認を受けた後に、計画の内容に変更があった場合には、変更申請書を都道府県に提出し確認を受けることができます。変更申請書は、新たに後継者候補（個人事業承継者）となる者が、変更事項を反映した計画を記載し、再度認定経営革新等支援機関による指導及び助言を受けることが必要です。

8 個人事業承継計画の確認申請時に認定申請時に必要な要件は不要

次の項目以降に贈与又は相続等の後に贈与税又は相続税の納税猶予を受けるために必要な要件をまとめていますが、これらはあくまでも特定事業用資産の贈与又は相続等の後に認定申請するために必要な要件であり、贈与又は相続等の前に行う個人事業承継計画の確認申請時にはこれらの適用要件を満たしている必要はありません。もちろん申請を行うのは個人である個人事業承継者であり、先代事業者も個人でなければなりません。

図表Ⅱ－1　手続に必要な「個人事業承継計画」の記載例

様式第 21 の 3

施行規則第 17 条第 4 項の規定による確認申請書

(個人事業承継計画)

●●●●年●●月●●日

●●県知事　殿

郵 便 番 号　000-0000
住　　　所　●●県●●市…
電 話 番 号　***-***-****
氏　　　名　中小　一郎　　　印

　中小企業における経営の承継の円滑化に関する法律施行規則第 17 条第 1 項第 3 号の確認を受けたいので、下記のとおり申請します。

記

1　特定事業用資産に係る事業について

主たる事業内容	プラスチック製品製造業
常時使用する従業員の数	15 人

2　先代事業者について

先代事業者の氏名	中小　太郎

3　個人事業承継者について

個人事業承継者の氏名	中小　一郎

4　先代事業者が有する特定事業用資産を個人事業承継者が取得するまでの期間における経営の計画について

特定事業用資産を承継する時期（予定）	2019 年〜2020 年頃予定

6　個人事業承継計画の作成　25

当該時期までの経営上の課題	・精密機器向け部品を中心に安定した受注はあるが、受注先の高齢化が進んでおり、売上は横ばいが続いている。 ・長年勤務している従業員のうち数人が、数年後に退職予定であり、人材の採用が急務となっている。
当該課題への対応	・事業承継をきっかけに、当事業における新規分野である医療機器向け部品の製造に着手し、新規の受注先の獲得を図る。 ・現在実施しているハローワークでの求人のみならず、地元工業高校での就職説明会の実施を通じて、若手人材の獲得を図る。

5　個人事業承継者が特定事業用資産を承継した後の経営計画

具体的な実施内容
1年目：先代事業者時代の得意先との関係性を継続できるよう、引継ぎを行うとともに医療機器向け部品の試作品の作成を行う。加えて、3年目の同部品の製造の本格化に向けて、製造の主力を担える若手人材の獲得を行う。 2年目：メイン行が実施するビジネスマッチングに積極的に参加するとともに、新規開拓を行う営業を行う従業員を増やす人材配置を行うことで、医療機器向け部品の受注先の獲得を図る。 3年目：医療機器向け部品の量産に向け、最新設備の導入を行う。その際、金融機関に対して、融資を依頼するとともに、事業承継補助金等の補助金制度の利用も併せて検討する。

（備考）

① 用紙の大きさは、日本工業規格 A4 とする。

② 記名押印については、署名をする場合、押印を省略することができる。

③ 申請書の写し（別紙を含む）及び施行規則第 17 条第 4 項に定める書類を添付する。

④ 別紙については、中小企業等経営強化法に規定する認定経営革新等支援機関が記載する。

⑤ 認定経営革新等支援機関名については、中小企業庁ホームページ等で公表する場合がある。

（記載要領）

① 申請は個人事業承継者が行うものとし、郵便番号・住所・電話番号・氏名は、「個人事業承継者」の内容を記載する。

② 「2　先代事業者について」は、本申請を行う時における個人である中小企業者を記載する。

③ 「4　先代事業者が有する特定事業用資産を個人事業承継者が取得するまでの期間における経営の計画について」は、特定事業用資産を個人事業承継者が取得した後に本申請を行う場合には、記載を省略することができる。

（出典）　中小企業庁 HP「個人事業承継計画（記載例）」

6　個人事業承継計画の作成　27

7 認定経営革新等支援機関の所見等

Q 個人事業承継計画の確認申請書には認定経営革新等支援機関の所見等を記載する欄がありますが、その記載方法について教えてください。

A 個人事業承継計画の確認申請書の認定経営革新等支援機関の所見等には次のように記載します。

1 認定経営革新等支援機関の名称等

申請者に指導及び助言を行った認定支援機関の名称等について記載します。代表者欄に記入する氏名及び使用する印鑑は、当該認定支援機関における内部規定等により判断します。

2 指導・助言を行った年月日

認定支援機関が指導及び助言を行った年月日を記載します。

3 認定支援機関による指導・助言の内容

個人事業者の作成した個人事業承継計画について、認定支援機関の立場から、事業承継を行う時期や準備状況、事業承継時までの経営上の課題とその対処方針、事業承継後の事業計画の実現性など、円滑な事業承継を後押しするための指導及び助言を行い、その内容を記載します。

4 記載時のチェックポイント

「先代事業者が有する特定事業用資産を個人事業承継者が取得するまでの期間における経営の計画について」及び「個人事業承継者が特定事業用資産を承継した後の経営計画」は「なぜその取組を行うのか」「その取組の結果、どのような効果が期待されるか」が記載されているかを確認します。

「個人事業承継者が特定事業用資産を承継した後の経営計画」においては、すべての取組が必ずしも新しい取組である必要はありませんが、

28 第Ⅱ章 個人事業承継計画の手続と贈与・相続等後の認定要件

記載例を参考に、可能な限り具体的な記載がなされているかをご確認します。なお、計画作成の数年後に特定事業用資産の承継を行うことを予定しているなど、この計画の作成段階では承継後の具体的な経営計画を記載することが困難である場合には、大まかな記載にとどめ、実際に特定事業用資産を承継しようとする前に具体的な計画を定めることも可能です。その場合には、31 ～ 35頁の個人事業承継計画の変更手続を行うことが求められます。

　また、所見欄には、その取組への評価や、実現可能性（及びその実現可能性を高めるための指導・助言）を記載します。

(別紙)

認定経営革新等支援機関による所見等

1 認定経営革新等支援機関の名称等

認定経営革新等支援機関ＩＤ番号	**********
認定経営革新等支援機関の名称	税理士法人　○○○　　　印
（機関が法人の場合）代表者の氏名	代表社員　△△　　　△△
住所又は所在地	●●県●●市…

2 指導・助言を行った年月日
　　　　2019 年 5 月 10 日

3 認定経営革新等支援機関による指導・助言の内容

長年精密機器向けのプラスチック製造を行っており、高い技術力を有しているものの、近年供給先の高齢化に伴い、売上の横ばいが続いているため、新事業への進出を提案。

また、新事業に伴い設備投資が必要不可欠である。現状は借入も少なく、健全な財務内容であるため、好条件での融資を受けることが可能と考えられる。国が実施する補助金制度等も併せて紹介し、融資と補助金を併用することで設備投資を実現できるように提案した。

今後適用要件を満たすことができるよう助言を行う。

5　個人事業承継計画の変更

　個人事業承継計画の確認を受けた後に、計画の内容に変更があった場合は、変更申請書（様式第 24 の3）を都道府県に提出し確認を受けることができます。変更申請書には、変更事項を反映した計画を記載し、再度認定支援機関による指導及び助言を受けることが必要です。

様式第24の3

施行規則第18条第9項の規定による変更確認申請書

年　　月　　日

都道府県知事　　殿

郵　便　番　号
住　　　　　所
電　話　番　号
氏　　　　　名　　　　　　印

　　　年　　月　　　日付けの中小企業における経営の承継の円滑化に関する法律施行規則
（以下「施行規則」という。）第17条第1項第3号の確認について、下記のとおり変更した
いので、施行規則第18条　□第7項　□第8項　の確認を申請します。

記

1　特定事業用資産に係る事業について

主たる事業内容	
常時使用する従業員の数	人

2　先代事業者について

先代事業者の氏名	

3　施行規則第18条第7項の確認（個人事業承継者の変更）について

（変更前）個人事業承継者の氏名	
（変更後）個人事業承継者の氏名	

4　先代事業者が有する特定事業用資産を個人事業承継者が取得するまでの期間における
　経営の計画について

特定事業用資産を承継する時期（予定）	年　月　～　　年　月

当該時期までの経営上の課題	
当該課題への対応	

5　個人事業承継者が特定事業用資産を承継した後の経営計画

具体的な実施内容

7　認定経営革新等支援機関の所見等　33

（備考）

① 用紙の大きさは、日本工業規格A4とする。

② 申請書の写し（別紙を含む）及び施行規則第18条第9項の規定により読み替えられた同条第17条第4項に定める書類を添付する。

③ 別紙については、中小企業等経営強化法に規定する認定経営革新等支援機関が記載する。

（記載要領）

① 申請は個人事業承継者（個人事業承継者の変更がある場合には、「変更後」の新たな個人事業承継者）が行うものとし、郵便番号・住所・電話番号・氏名は、「個人事業承継者」の内容を記載する。

② 「2　先代事業者について」は、本申請を行う時における個人である中小企業者を記載する。

③ 「4　先代事業者が有する特定事業用資産を個人事業承継者が取得するまでの期間における経営の計画について」は、特定事業用資産を個人事業承継者が取得した後に本申請を行う場合には、記載を省略することができる。

（別紙）

認定経営革新等支援機関による所見等

1 認定経営革新等支援機関の名称等

認定経営革新等支援機関ＩＤ番号	
認定経営革新等支援機関の名称	印
（機関が法人の場合）代表者の氏名	
住所又は所在地	

2 指導・助言を行った年月日
　　　　年　　　月　　　日

3 認定経営革新等支援機関による指導・助言の内容

（出典）　中小企業庁 HP「個人事業承継計画」

（別紙）特定事業用資産の明細について

施行規則第1条第24項第1号に掲げる資産について

資産の種類	所在地	資産の名称等	面積（㎡）	帳簿価額（円）	確認方法	税制の適用の有無
						有　・　無
						有　・　無

施行規則第1条第24項第2号に掲げる資産について

資産の種類	所在地	資産の名称等	延床面積（㎡）	帳簿価額（円）	確認方法	税制の適用の有無
						有　・　無
						有　・　無

施行規則第1条第24項第3号に掲げる資産について

資産の種類	所在地	資産の名称等	数量	帳簿価額（円）	確認方法	税制の適用の有無
						有　・　無
						有　・　無
						有　・　無
						有　・　無
						有　・　無
						有　・　無
						有　・　無
						有　・　無

（記載要領）
　「施行規則第1条第24項第3号に掲げる資産について」のうち地方税法第341条第4号に
　規定する償却資産については、同法第341条第14号に規定する償却資産課税台帳に登録
　をされている事項を記載する。

（出典）　中小企業庁 HP「個人事業承継計画」

8 中小企業者の範囲

> **Q** 個人事業用資産の贈与税及び相続税の納税猶予の適用対象となる中小企業者の範囲について教えてください。

A **1 個人中小企業者**

中小企業者である個人事業者が経営承継円滑化法の適用を受けることができますが、その範囲は中小企業基本法上の中小企業の範囲に、政令で一部業種について拡大されています。これらの業種ごとの従業員数以下の企業者が適用を受けることができます。

図表Ⅱ－2 適用対象中小企業者の範囲

業種目	従業員数
製造業その他	300人以下
製造業のうちゴム製品製造業（自動車又は航空機用タイヤ及びチューブ製造業並びに工業用ベルト製造業を除く）	900人以下
卸売業	100人以下
小売業	50人以下
サービス業（下記を除く）	100人以下
サービス業のうちソフトウェア業又は情報処理サービス業	300人以下
サービス業のうち旅館業	200人以下

（出典） 中小企業庁 HP「個人版事業承継税制の前提となる経営承継円滑化法の認定申請マニュアル」

9 特定事業用資産の相続等の場合の相続税の納税猶予適用の認定要件

Q 事業後継者が特定事業用資産を相続等によって取得し、相続税の納税猶予の適用を受けるための要件について教えてください。

A 2024年（令和6年）3月31日までに事業承継計画の確認を受けた上で事業後継者が先代事業者から相続等によって先代経営者が保有するすべての特定事業用資産を取得した場合、相続開始の日の翌日から5か月を経過する日以後相続開始の日の翌日から8か月以内に都道府県知事に対して個人事業計画の確認書を添付して認定申請書を提出し、認定を受けなければなりません。認定要件は次のようになっています。

1 認定要件

中小企業者であり、かつ個人事業者である相続人であって、次に掲げるいずれにも該当する者（以下「後継者」といいます。）が、特定事業用資産に係る事業を行っていた中小企業者であり、かつ、個人事業者であった被相続人であって、次に掲げるいずれにも該当する者（以下「被相続人」といいます。）から相続又は遺贈（以下「相続等」といいます。）により取得したその特定事業用資産に係る相続税を納付することが見込まれることが認定の要件となります。

⑴ 後継者の要件

次のすべてに該当する者をいいます。

① その相続等によりその事業に係る特定事業用資産の全て（当該特定事業用資産の全部又は一部が数人の共有に属する場合における当該共有に係る事業用資産については、当該被相続人が有していた共有持分の全部。③において同じ）を取得していること

38 第Ⅱ章 個人事業承継計画の手続と贈与・相続等後の認定要件

② その相続の開始の直前においてその特定事業用資産に係る事業又はこれと同種の事業に従事していたこと（当該被相続人が60歳未満で死亡した場合を除く。）

③ 相続申請基準日（その相続の開始の日の翌日から5月を経過する日をいう。以下同じ。）まで引き続きその相続等により取得をした特定事業用資産の全てを有し、かつ、自己の事業の用に供していること

④ 相続申請基準日において、その特定事業用資産を性風俗関連特殊営業の用に供していないこと

⑤ 相続申請基準日までにその特定事業用資産に係る事業について開業の届出書（所得税法第229条の規定に基づき提出された開業の届出書をいう。以下同じ。）を提出していること

⑥ 相続申請基準日までに青色申告（65万円の青色申告特別控除の適用を受けることができる青色申告書による申告をいう。以下同じ。）の承認を受けていること又は受ける見込みであること

⑦ 個人事業承継計画（第Ⅱ章6の「個人事業承継計画」をいいます。）の確認（個人事業承継計画の変更があったときは、その変更後のものの確認）を受けていることその他の後継者の要件として一定のもの

(2) 被相続人の要件

次のすべてに該当する者をいいます。

① 一定の期間、事業所得（所得税法第27条第1項に規定する事業所得をいう。以下同じ。）に係る青色申告書（同法第2条第1項第40号に規定する青色申告書をいう。以下同じ。）で租税特別措置法第25条の2第3項の規定の適用に係るものを提出していたこと

② その被相続人の特定事業用資産に係る事業が、資産保有型事業（(3)①において定める「資産保有型事業」をいう。）に該当しないこと

③ その被相続人の特定事業用資産に係る事業が、資産運用型事業（(3)②において定める「資産運用型事業」をいう。）に該当しないこと

9 特定事業用資産の相続等の場合の相続税の納税猶予適用の認定要件 39

④ その被相続人の特定事業用資産に係る事業が、性風俗関連特殊営業に該当しないこと
⑤ その被相続人の特定事業用資産に係る事業の総収入金額が、零を超えること その他の被相続人の要件として一定のもの

図表Ⅱ－3　個人事業用資産の相続税の納税猶予の手続きの流れ①

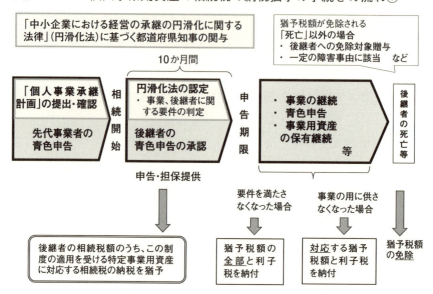

（出典）　国税庁 HP「個人版事業承継税制のあらまし」

図表Ⅱ-4　個人事業用資産の相続税の納税猶予の手続の流れ②

個人版事業承継税制の手続きの流れ（相続）

提出先
- 個人事業承継計画の提出先は、「先代事業者の主たる事務所の所在地を管轄する都道府県庁」です。
- 認定申請の提出先は、「個人事業承継者の主たる事務所の所在地を管轄する都道府県庁」です。
- 2019年1月1日以降の相続の開始について適用することができます。

都道府県庁		

個人事業承継計画の策定
確認申請
- 後継者が「個人事業承継計画」を作成し、認定経営革新等支援機関が所見を記載。
- 2019年4月1日から2024年3月31日まで提出可能。
  ※個人事業承継計画は認定申請と同時に提出することも可能。

相続又は遺贈
- 2019年1月1日から2028年12月31日までの承継が対象。

認定申請
- 相続の開始の日の翌日から8か月以内に申請（相続の開始の日の翌日から5ヶ月を経過する日以後の期間に限ります）。
- 個人事業承継計画を添付。

税務署

税務署へ申告
- 相続の開始の日の翌日から10か月以内に認定書の写しとともに、相続税の申告書等を提出。

申告期限後
- 税務署へ「継続届出書」を提出。（3年に1回）

（出典）　中小企業庁HP「個人版事業承継税制の前提となる経営承継円滑化法の認定申請マニュアル」

9　特定事業用資産の相続等の場合の相続税の納税猶予適用の認定要件　41

10 資産保有型事業と資産運用型事業

Q 　資産保有型事業又は資産運用型事業に該当すると経営承継円滑化法の都道府県知事の認定を受けることができないそうですが、これらに該当する場合とはどのような事業をいうのでしょうか？

A 　資産保有型事業又は資産運用型事業は、特定事業用資産の贈与税又は相続税の納税猶予の適用をする際に、事業の承継に伴うものだといえども、その事業用として貸借対照表に記載されている資産の大半が現金、預金、有価証券、個人事業者が現に事業に使用していない不動産、ゴルフ会員権などの場合、税制の特例の適用を受けることが可能となれば、この税制を利用して贈与税・相続税の課税回避が可能となってしまいます。そこで、次のような要件に該当する事業については認定対象から除外されています。

⑴　資産保有型事業

　個人の特定事業用資産に係る事業が、一の日において次の①＋③に掲げる金額の合計額に対する次の②＋③の合計額の割合が100分の70以上となる事業を資産保有型事業といいます。

① 　その日におけるその事業に係る貸借対照表に計上されている総資産の帳簿価額の総額

② 　その日におけるその事業に係る貸借対照表に計上されている特定資産（現金、預貯金、有価証券、個人事業者が現に自ら使用していない不動産、ゴルフ会員権、貴金属、個人事業者及びその同族関係者に対する貸付金等）の帳簿価額の合計額

③ 　その日以前5年以内において、その個人と特別の関係のある者（「特

別関係者」）がその個人から受けた必要経費不算入対価等（同族関係者に対して支払われた対価又は給与の金額で当該後継者の事業所得の計算上、必要経費の額に算入されないものをいう。）の合計額

ただし、次の事由により資産保有型事業に該当した場合において、その該当した日以後6か月経過する日までに該当しなくなったときは、資産保有型事業に該当しないものとみなされます。

　イ　事業活動のために必要な資金の借り入れを行ったこと

　ロ　事業活動のために必要な資金を調達するための特定資産の譲渡その他事業活動上生じた偶発的な事由でこれに類するもの

(2) **資産運用型事業**

個人の特定事業用資産に係る事業の資産の運用状況が一の年のおける事業所得に係る総収入金額に占める特定資産の運用収入の合計額の割合が75％以上となる事業を資産運用型事業といいます。

ただし、上記(1)③イ、ロの事由が生じたことにより資産運用型事業に該当した場合には、その年1月1日からその翌年12月31日までの期間に資産運用型事業に該当しなくなったときは資産運用型事業に該当しないものとみなします。

(3) **特別関係者の範囲**

その個人である中小企業者の関係のうち次に掲げる者をいいます。

①　その個人である中小企業者の親族

②　その個人である中小企業者と婚姻の届出をしていないが、事実上婚姻関係と同様の事情にある者

③　その個人である中小企業者の使用人

④　①～③に掲げるもの以外の者でその個人である中小企業者から受ける金銭その他の資産によって生計を維持しているもの

⑤　①～③に掲げるものと生計を一にするこれらの親族

⑥　次に掲げる会社

10　資産保有型事業と資産運用型事業　43

イ　その個人である中小企業者（①～⑤までに掲げる者を含む。ロ及びハにおいて同じ。）が会社の総株主等議決権の100分の50を超える議決権を有するその会社

ロ　その個人である中小企業者及びその個人である中小企業者とイの関係がある会社が他の会社の総株主等議決権数の100分の50を超える議決権を有する場合におけるその他の会社

ハ　その個人である中小企業者及びその個人である中小企業者とイ又はロの関係がある会社が他の会社の総株主等議決権数の100分の50を超える議決権の数を有する場合におけるその他の会社

11 特定事業用資産の贈与の場合の贈与税の納税猶予の認定要件

Q 特定事業用資産を贈与により取得した後に、事業後継者が都道府県から認定を受ける際の適用要件について教えてください。

A 2024年（令和6年）3月31日までに事業承継計画の確認を受けた上で後継者が先代事業者から贈与によって先代事業者が保有するすべての特定事業用資産を取得した場合、贈与の年10月15日から翌年1月15日までに都道府県知事に対して個人事業承継計画の確認書を添付して認定申請書を提出し、認定を受けなければなりません。贈与税は暦年課税と相続時精算課税のいずれかを選択することになりますが、事業後継者が既に相続時精算課税の適用を受けている場合には相続時精算課税しか選択することができません。相続時精算課税の適用を初めて受ける場合には、最大2,500万円の特別控除がありますので、特定事業用資産の合計額が2,500万円以下であれば贈与税が課税されないことになります。その場合には贈与税が課税されませんので、特定事業用資産の贈与税の納税猶予の特例の適用を受けることができません。贈与税の課税がある場合に限って特定事業用資産の贈与税の納税猶予の特例の適用を受けることができます。贈与の場合の都道府県認定の要件は次のようになっています。

1 認定要件

　中小企業者であり、かつ個人事業者である受贈者であって、次に掲げるいずれにも該当する者（以下この(1)において「後継者」といいます。）が、特定事業用資産に係る事業を行っていた中小企業者であり、かつ、個人事業者であった先代事業者であって、次に掲げるいずれにも該当する者（以下「贈与者」といいます。）から贈与により取得したその特定

事業用資産に係る贈与税を納付することが見込まれることが認定の要件
となります。

(1) 後継者の要件

次のすべてに該当する者をいいます。

① 第一種贈与申請基準日（次のイからハ）の区分に応じそれぞれ次の
日をいいます。）において、その特定事業用資産を性風俗関連特殊営
業の用に供していないこと

　イ　その贈与の日が1月1日から10月15日までのいずれかの日であ
る場合……その10月15日

　ロ　その贈与の日が10月16日から12月31日までのいずれかの日で
ある場合……その贈与の日

　ハ　その贈与の日の属する年の5月15日より前にその個人である中
小企業者又はその他の個人である中小企業者の相続が発生した場合
……その相続の開始の日の翌日から5か月を経過する日

② その個人である中小企業者がその贈与によりその他の個人である中
小企業者の営んでいた事業に係る特定事業用資産の全て（その特定事
業用資産の全部又は一部が数人の共有に属する場合における当該共有
に係る事業用資産については、当該被相続人が有していた共有持分の
全部。）を取得し、かつ、その事業に係る取引を記録し、帳簿書類の
備え付けを行っていること（その個人である中小企業者が、その贈与
の時からその贈与に係る第一種贈与申請基準日までの間において、事
業所得を生じる他の所得を行っている場合には、その事業及びその他
の事業に係る取引を区分して記録し、帳簿書類の備え付けを行い、か
つ、その事業とその他の事業とを区分整理していること。）

③ 贈与申請基準日まで引き続きその贈与により取得をした特定事業用
資産の全てを有し、かつ、自己の事業の用に供していること又は供す
る見込みであること

④　その個人である中小企業者がその贈与の日において18歳以上（2022年（令和4年）3月31日までの贈与については、20歳以上）であること

⑤　贈与の日まで引き続き3年以上にわたりその特定事業用資産に係る事業又はこれと同種若しくは類似の事業に従事していたこと

⑥　贈与申請日までにその特定事業用資産に係る事業について開業の届出書（所得税法第229条の規定に基づき提出された開業の届出書をいう。以下同じ。）を提出していること

⑦　贈与申請日までに青色申告（65万円の青色申告特別控除の適用を受けることができる青色申告書による申告をいう。以下同じ。）の承認を受けていること又は受ける見込みであること

⑧　個人事業承継計画（第Ⅱ章6の「個人事業承継計画」をいいます。）の確認（個人事業承継計画の変更があったときは、その変更後のものの確認）を受けていること

(2)　贈与者の要件

次のすべてに該当する者をいいます。

①　特定事業用資産を贈与した日の属する年、その前年及びその前々年において、事業所得（所得税法第27条第1項に規定する事業所得をいう。以下同じ。）に係る65万円控除の適用を受けることができる青色申告書を提出していたこと

②　その贈与の時において、贈与者である中小企業者が既に認定に係る特定事業用資産の贈与をした者でないこと

③　贈与者である中小企業者が特定事業用資産贈与した日の属する年の前年において、その特定事業用資産に係る事業が、資産保有型事業に該当しないこと

④　贈与者である中小企業者が特定事業用資産贈与した日の属する年の前年において、その特定事業用資産に係る事業が、資産運用型事業に

該当しないこと

⑤　贈与者である中小企業者が特定事業用資産贈与した日の属する年の前年において、その特定事業用資産に係る事業が、性風俗関連特殊営業に該当しないこと

⑥　贈与者である中小企業者が特定事業用資産贈与した日の属する年の前年において、その特定事業用資産に係る事業の総収入金額が、零を超えること

2　都道府県知事の認定の申請期限・有効期限

⑴　都道府県知事の認定の申請期限

都道府県知事の認定の申請期限は贈与の日の属する年の翌年1月15日となっています。

⑵　都道府県知事の認定の有効期限

都道府県知事の認定の有効期限は「経営承継円滑化法第12条第1項の認定を受けた日の翌日から2年を経過する日」です。なお、本制度においては非上場株式等の相続税・贈与税の納税猶予制度に設けられている最初の5年間の毎年の年次報告の提出は要しないこととされています。

図表Ⅱ-5 個人事業用資産の贈与税の納税猶予の手続①

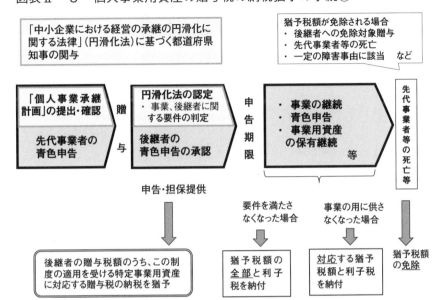

(出典) 国税庁HP「個人版事業承継税制のあらまし」

図表Ⅱ－6　個人事業用資産の贈与税の納税猶予の手続②

個人版事業承継税制の手続きの流れ（贈与）

提出先
- 個人事業承継計画の提出先は、「先代事業者の主たる事務所の所在地を管轄する都道府県庁」です。
- 認定申請の提出先は、「個人事業承継者の主たる事務所の所在地を管轄する都道府県庁」です。
- 2019年1月1日以降の贈与について適用することができます。

都道府県庁

個人事業承継計画の策定 確認申請
- 後継者が「個人事業承継計画」を作成し、認定経営革新等支援機関が所見を記載。
- 2019年4月1日から2024年3月31日まで提出可能。
  ※個人事業承継計画は認定申請と同時に提出することも可能。

贈与
- 2019年1月1日から2028年12月31日までの承継が対象。

認定申請
- 贈与年の10月15日から翌年1月15日までに申請。
- 個人事業承継計画を添付。

税務署

税務署へ申告
- 贈与年の翌年3月15日までに認定書の写しとともに、贈与税の申告書等を提出。

申告期限後
- 税務署へ「継続届出書」を提出。（3年に1回）

（出典）　中小企業庁 HP「個人版事業承継税制の前提となる経営承継円滑化法の認定申請マニュアル」

12 先代事業者以外の生計一親族からの１年以内の贈与又は相続等

Q 個人版事業承継税制では、先代事業者から贈与又は相続等によって財産を取得してから１年以内であれば先代事業者と生計を一にする親族から特定事業用資産を贈与又は相続等によって取得した場合にも適用できるのですか。

A 先代事業者から贈与又は相続等によって特定事業用資産の全てを取得して個人版事業承継税制の適用を受けた場合には、先代事業者からの贈与又は相続等の日から１年を経過する日までに先代事業者と生計を一にする親族から特定事業用資産を贈与又は相続等によって取得することによって、個人版事業承継税制の適用を受けることができます。

1 先代事業者と生計を一にする親族からの贈与・相続等も個人版事業承継税制の対象に

先代事業者から特定事業用資産の全てを贈与又は相続等によって取得して個人版事業承継税制の適用を受けた場合に限って、先代事業者と生計を一にする親族から特定事業用資産を贈与又は相続等によって取得した場合に、贈与税・相続税の納税猶予の適用を受けることができます。経営承継円滑化法では、先代事業者からの贈与又は相続等を第一種認定といい、先代事業者と生計を一にする親族からの贈与又は相続等を第二種認定といいます。

図表Ⅱ-7　第一種認定と第二種認定の例

認定の種類について

（例）

第一種認定　先代事業者から後継者への贈与/相続が対象となります。

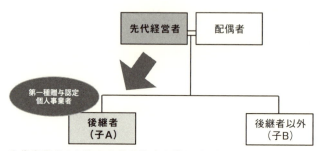

先代事業者から特定事業用資産を贈与/相続

第二種認定　最初に先代事業者からの移転が行われている必要があります。
先代事業者からの贈与/相続以後、1年以内に行われた
同一生計親族等からの贈与/相続が対象※となります。

※先代事業者が自己の事業の用に供し、かつ、先代事業者の青色申告書に
記載されていた生計一親族等保有の特定事業用資産が対象となります。

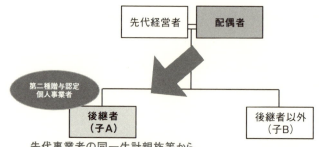

先代事業者の同一生計親族等から
特定事業用資産を贈与/相続

※後継者は第一種贈与認定個人事業者であり、かつ、第二種贈与認定個人事業者となります。

（出典）　中小企業庁HP「個人版事業承継税制の前提となる
経営承継円滑化法の認定申請マニュアル」

2　先代事業者から贈与又は相続等があった日から1年以内

　先代事業者と生計を一にする親族からの特定事業用資産の贈与又は相続等は、先代事業者から最初の贈与又は相続等があった日から1年を経過する日までの贈与又は相続等に限定されます。また、先代事業者の特例事業用資産の贈与・相続等の期間である平成31年1月1日から令和10年12月31日の期間の先代事業者と生計を一にする親族からの特定事業用資産の贈与又は相続等に限定されます。

3　生計一親族保有特定事業用資産の範囲

　先代事業者と生計を一にする親族の特定事業用資産とは、先代事業者が配偶者の所有する土地の上に建物を建て、事業を行っている場合における土地など、先代事業者と生計を一にする親族が保有する特定事業用資産をいいます。

図表Ⅱ-8　最初に贈与税の個人版事業承継税制の適用を受けている場合

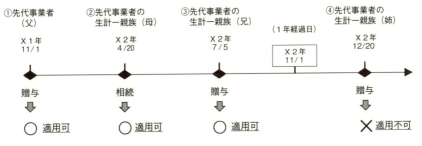

（出典）　国税庁HP「個人版事業承継税制のあらまし」

13　先代事業者から複数の後継者に贈与できる場合

Q　個人版事業承継税制で先代事業者が2以上の事業を行っている場合には、複数の後継者に事業を贈与できるのでしょうか？

A　先代事業者が2以上の事業を行っている場合には、複数の後継者にそれぞれの事業を贈与することができます。既に個人版事業承継税制の適用に係る贈与をしている先代事業者は、再度この制度の適用に係る贈与をすることはできません。ただし、同一年中に限り、事業ごとに個人事業承継者に対し贈与することも可能です。この場合において、認定申請は個人事業承継者ごとに行う必要があります。

図表Ⅱ―9　複数人へ贈与できる場合

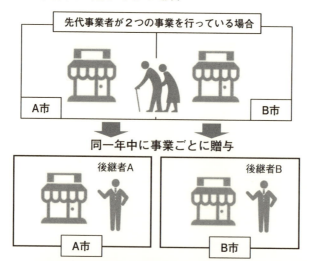

先代事業者が複数の事業を行っている場合には、同一年中に限り事業ごとに後継者へ承継することができます。

（出典）　中小企業庁HP「個人版事業承継税制の前提となる経営承継円滑化法の認定申請マニュアル」

14 第一種贈与認定に係る都道府県知事への認定申請書の書き方

Q 先代事業者から特定事業用資産の贈与を受けた場合に、都道府県知事に対して提出する認定申請書の記載方法を教えてください。

A 先代事業者から後継者が特定事業用資産の贈与を受け、都道府県知事に提出する「第一種贈与認定個人事業者に係る認定申請書」の記入方法は次のようになります。

1 個人事業承継計画の確認について

個人事業承継税制の贈与税の納税猶予の特例は、原則として平成31年4月1日から令和6年3月31日までに個人事業承継計画の確認を受けていなければなりません。特定事業用資産の贈与の期限は令和10年12月31日までとなっています。しかし、令和5年12月31日までに特定事業用資産を贈与した場合には、翌年1月15日までの認定申請期限までに認定申請書と同時に個人事業承継計画確認申請書を提出することができます。

そこで、認定申請書の「1　個人事業承継計画の確認について」の欄の上段では確認の有無の欄が設けられています。確認がなければ認定申請と同時に提出するため「□無」の欄が設けられています。確認を受けている場合には「□有」として、確認の年月日、確認書の番号、先代事業者の氏名及び個人事業承継者の氏名を記載します。

2 第一種贈与認定を受けようとする事業について

「主たる事業内容」はその事業内容を記載します。「贈与時の常時使用する従業員の数」には、贈与日における常時使用従業員数を記載します。常時使用従業員数は、年金事務所が発行する「被保険者縦覧照会回答票」

14　第一種贈与認定に係る都道府県知事への認定申請書の書き方　55

に記載された人数を記載します。

3　贈与者（先代事業者）及び第一種贈与認定申請個人事業者について

(1)「**贈与日**」には贈与した日を記入します。

(2)「**第一種贈与申請基準日**」には、贈与の日が次の①から③のそれぞれの日に応じてそれぞれの日を記載します。

①　その贈与の日が1月1日から10月15日までのいずれかの日である場合……その10月15日

②　その贈与の日が10月16日から12月31日までのいずれかの日である場合……その贈与の日

③　その贈与の日の属する年の5月15日より前にその個人である中小企業者又はその他の個人である中小企業者の相続が発生した場合……その相続の開始の日の翌日から5か月を経過する日

(3)「**贈与税申告期限**」には、贈与日の翌年3月15日を記載します。

(4)「**贈与者**」の欄に氏名及び贈与時点の住所を記入します。

・「贈与の時における過去の認定に係る贈与の有無」の欄には、複数の事業を行っていて、他の特例受贈事業承継者に他の特定事業用資産を贈与していた場合に記入します。

・「特定事業用資産に係る事業についての廃業の届出書の提出の有無」の欄は、贈与後贈与税の申告期限までに廃業届出書を提出しなければならないため、提出済みであるか提出予定であるかの記載をします。

・「贈与日の属する年、その前年及びその前々年における青色申告書の提出の有無」の欄は、これらの年のすべてに青色申告書を提出していなければ適用を受けることができません。その確認のための記載欄です。

(5)「**第一種贈与認定申請個人事業者**」の氏名及び住所を記載します。

・「贈与日における年齢及び生年月日」の欄は、その贈与の日において18歳以上（2022年（令和4年）3月31日までの贈与については、20

歳以上）でなければならないため記入をします。

・「贈与時における贈与者との関係」の欄には、直系卑属か直系卑属以外の親族か親族外かを記入します。

・「開業の届出書の提出の有無」の欄は、贈与申請日までにその特定事業用資産に係る事業について開業の届出書を提出しなければなりません。

・「贈与の日前3年以上にわたる特定事業用資産に係る事業又はこれと同種若しくは類似の事業への従事の有無」の欄は、贈与の日まで引き続き3年以上にわたりその特定事業用資産に係る事業又はこれと同種若しくは類似の事業に従事していたことが必要ですので、いつから従事していたかを記載します。

・「青色申告の承認の申請書の提出の有無」の欄は、贈与申請日までに青色申告の承認を受けていること又は受ける見込みであることが必要ですので、既に出していればその年月日を記入します。

・「認定経営革新等支援機関の確認の有無」の欄には、その事業に係る特定事業用資産の全ての贈与及び、その後適用を受けようとする特定事業用資産の全部を有し、かつ自己の事業の用に供している又は供する見込みであることの確認を受けておく必要があります。

14 第一種贈与認定に係る都道府県知事への認定申請書の書き方　57

第一種贈与認定個人事業者に係る認定申請書（様式7の5）

様式第7の5

第一種贈与認定個人事業者に係る認定申請書

年　　月　　日

都道府県知事　　殿

郵　便　番　号
住　　　　　所
電　話　番　号
氏　　　　　名　　　　　　　印

　中小企業における経営の承継の円滑化に関する法律第12条第1項の認定（同法施行規則第6条第16項第7号の事由に係るものに限る。）を受けたいので、下記のとおり申請します。

記

1　個人事業承継計画の確認について

施行規則第 17 条第 1 項第 3 号の確認（施行規則第 18 条第 7 項又は第 8 項の変更の確認をした場合には変更後の確認）に係る確認事項	確認の有無	□有　　　　　　　　　　　　　　　　□無（本申請と併せて提出）	
	「有」の場合	確認の年月日及び番号	年　　月　　日（　　号）
		先代事業者の氏名	
		個人事業承継者の氏名	

2　第一種贈与認定を受けようとする事業について

贈与時の常時使用する従業員の数	人	主たる事業内容	

3　贈与者（先代事業者）及び第一種贈与認定申請個人事業者について

贈与日	年　　月　　日
第一種贈与申請基準日	年　　月　　日
贈与税申告期限	年　　月　　日

	氏名	
	贈与の時の住所	
贈与者	贈与の時における過去の法第12条第1項の認定（施行規則第6条第16項第7号又は第9号の事由に係るものに限る。）に係る贈与の有無	□有 （　　年　　月　　日認定） □無
	特定事業用資産に係る事業についての廃業の届出書の提出の有無	□有 （　　年　　月　　日提出） □無
	贈与日の属する年、その前年及びその前々年における青色申告書の提出の有無	□有　□無
第一種贈与認定申請個人事業者	氏名	
	住所	
	贈与日における年齢及び生年月日	歳 （　　年　　月　　日生）
	贈与時における贈与者との関係	□直系卑属 □直系卑属以外の親族 □親族外
	開業の届出書の提出の有無	□有 （　　年　　月　　日提出） □無
	贈与の日前3年以上にわたる特定事業用資産に係る事業又はこれと同種若しくは類似の事業への従事の有無	□有 （　　年　　月　　日から従事） □無
	青色申告の承認の申請書の提出の有無	□有 （　　年　　月　　日提出） □無
	下記の事項についての認定経営革新等支援機関の確認の有無	□有 （　　年　　月　　日確認） □無
	贈与者が営んでいたその事業に係る特定事業用資産の全て(*1)の贈与を受けていること	
	第一種贈与申請基準日まで、(*1)のうち租税特別措置法第70条の6の8第1項の適用を受けようとする特定事業用資産の全部を有し、かつ自己の事業の用に供している又は供する見込みであること	

14　第一種贈与認定に係る都道府県知事への認定申請書の書き方　59

（備考）
① 用紙の大きさは、日本工業規格 A4 とする。
② 記名押印については、署名をする場合、押印を省略することができる。
③ 申請書の写し（別紙を含む）及び施行規則第 7 条第10項各号に掲げる書類を添付する。
④ 「施行規則第17条第 1 項第 3 号の確認（施行規則第18条第 7 項又は第 8 項の変更の確認をした場合には変更後の確認）に係る確認事項」については、当該確認受けていない場合には、本申請と併せて施行規則第17条第 4 項に定める書類を添付する。また、施行規則第18条第 7 項又は第 8 項に定める変更をし、当該変更後の確認を受けていない場合には、本申請と併せて同条第 9 項の規定により読み替えられた前条第 4 項に定める書類を添付する。

(別紙)

先代事業者の特定個人事業資産等について

先代事業者の贈与年の前年における特定個人事業資産等に係る明細表					
種別		内容	利用状況	帳簿価額	運用収入
有価証券				(1) 円	(10) 円
不動産	現に自ら使用しているもの			(2) 円	(11) 円
	現に自ら使用していないもの			(3) 円	(12) 円
ゴルフ場その他の施設の利用に関する権利	販売することを目的として有するもの			(4) 円	(13) 円
	販売することを目的としないで有するもの			(5) 円	(14) 円
絵画、彫刻、工芸品その他の有形の文化的所産である動産、貴金属及び宝石	販売することを目的として有するもの			(6) 円	(15) 円
	販売することを目的としないで有するもの			(7) 円	(16) 円
現金、預貯金等	現金及び預貯金その他これらに類する資産			(8) 円	(17) 円
	先代事業者及び特別関係者(施行規則第1条第25項に掲げる者をいう。)に対する貸付金及び未収金その他これらに類する資産			(9) 円	(18) 円
特定個人事業資産の帳簿価額の合計額	(19)=(1)+(3)+(5)+(7)+(8)+(9) 円	特定個人事業資産の運用収入の合計額		(21)=(10)+(12)+(14)+(16)+(17)+(18) 円	
資産の帳簿価額の総額	(20) 円	総収入金額		(22) 円	
特定個人事業資産の帳簿価額等の合計額が資産の帳簿価額等の総額に対する割合	(23)=(19)/(20) %	特定個人事業資産の運用収入の合計額が総収入金額に占める割合		(24)=(21)/(22) %	

やむを得ない事由により資産保有型事業又は資産運用型事業に該当した場合	
該当した日	年　　月　　日
その事由	
解消見込時期	年　　月頃

（記載要領）

① 　単位が「％」の欄は小数点第1位までの値を記載する。

② 　「先代事業者の贈与年の前年における特定個人事業資産等に係る明細表」については、贈与年の前年における贈与者が営んでいた特定事業用資産に係る事業の青色申告書の貸借対照表に計上されていた資産の金額を記載する。

③ 　「先代事業者の贈与年の前年における特定個人事業資産等に係る明細表」については、「特定個人事業資産」又は「運用収入」については、該当するものが複数ある場合には同様の欄を追加して記載する。

④ 　「やむを得ない事由により資産保有型事業又は資産運用型事業に該当した場合」については、その該当した日、その理由及び解消見込時期を記載する。

（出典）　中小企業庁 HP

15　第一種贈与認定個人事業者の認定申請添付書類

Q 第一種贈与認定個人事業者の認定申請書に添付しなければならない書類はどのようなものでしょうか。

　先代事業者から贈与によって特定事業用資産を取得した後継者は認定申請書に次の書類を添付して都道府県知事あてに認定申請をしなければなりません。

1　認定申請書（原本1部、写し1部）
2　贈与契約書の写し及び贈与税額の見込み額を記載した書類
　以下の事項が記載されている必要がありますが、「贈与税の申告書」一式でもかまいません。
・特定事業用資産のうち納税猶予の適用を受けるもの（特例受贈事業用資産）の明細。
・贈与税総額（見込額）
・納税猶予を受けようとする特定事業用資産に係る贈与税額（納税猶予見込額）。
・相続時精算課税の適用を受ける場合には、そのことがわかること。
3　開業の届出書の写し
4　廃業の届出書の写し
　認定申請時までに個人事業承継者は「開業の届出書」を、先代事業者は「廃業の届出書」を、各々納税地の所轄税務署長へ提出をし、かつ、認定申請時には、当該届出書（税務署の受領印のあるもの）の写しを添付する必要があります。
5　青色申告の承認の申請書の写し又は青色申告の承認の通知の写し
6　先代事業者の贈与年の前年・前々年の青色申告書及び青色申告決算書の写し

先代事業者の贈与の日の属する年の前年、前々年の青色申告書及び青色申告書に添付する決算関係書類等の写しを添付します。

青色申告書（確定申告書B）

・確定申告書第一表

・確定申告書第二表

所得税青色申告決算書の全て

・損益計算書

・給料賃金・専従者給与等の内訳

・減価償却費の計算

・貸借対照表

・その他の明細書

7　認定経営革新等支援機関の確認を受けたことを証する書面

次に掲げる事項について認定経営革新等支援機関の確認を受けたことを証する書面（確認書）を添付しなければなりません。なお、確認時に用いた「特定事業用資産の明細」も提出します。

・贈与により取得した特定事業用資産が、先代事業者がその事業の用に供していた特定事業用資産の全てであること

・当該特定事業用資産のうち贈与税の納税猶予制度（租税特別措置法第70条の6の8）の適用を受けようとする特定事業用資産の全部を自己の事業の用に供していること又はその見込みであること

・当該事業に係る取引を記録し、かつ、帳簿書類の備え付けを行っていること（個人事業承継者が既に事業所得を生じる他の事業を行っている場合には、区分整理をしていること）

特定事業用資産の移転等に係る認定経営革新等支援機関の確認書

特定事業用資産の移転等に係る認定経営革新等支援機関の確認書

令和　　年　　月　　日

都道府県知事　殿

　認定経営革新等支援機関名は、〇〇〇〇様の「中小企業における経営の承継の円滑化に関する法律第12条第1項（同法施行規則第6条第16項第〇号の事由に係るものに限ります。）」の認定要件について、〇〇〇〇様から提供された情報を基に、以下の通り確認しました。

ID番号
所在地
認定経営革新等支援機関名
電話番号
代表者の氏名　　　　　　　印

1．確認を受ける個人事業者について

個人事業承継者の氏名	
個人事業承継者の住所	

2．特定事業用資産の確認について

確認内容	確認結果	
先代事業者が営んでいたその事業に係る特定事業用資産の全て（先代事業者が有していたものに限り、当該特定事業用資産の全部又は一部が数人の共有に属する場合における当該共有に係る事業用資産については、先代事業者が有していた共有持分の全部）(*1)の取得がされているか。	はい □　贈与契約書 □　遺産分割協議書 □　遺言書 □　その他（　　　）	いいえ
上記の確認につき、当該個人事業者に対して、内容を証する方法が確認できたか。	はい 【確認方法】	いいえ
認定申請時まで、(*1)のうち租税特別措置法第70条の6の8第1項又は第70条の6の10第1項の適用を受けようとする特定事業用資産の全てを有し、かつ自己の事業の用に供しているか。	はい 【確認方法】	いいえ
当該事業に係る取引を記録し、かつ帳簿書類の備付けを行っているか（先代事業者からの承継前に既に事業所得を生じる他の事業を行っている場合には、当該事業と当該特定事業用資産に係る事業とを区分整理していること）。	はい 【確認方法】	いいえ

15　第一種贈与認定個人事業者の認定申請添付書類　　65

特定事業用資産の確認方法について

区分	確認方法
特定事業用資産のうち宅地等の確認方法	□ 貸借対照表 □ 固定資産税課税明細書 □ その他（　　　） □ 対象資産になし
特定事業用資産のうち建物の確認方法	□ 貸借対照表 □ 減価償却費の明細 □ 固定資産税課税明細書 □ その他（　　　） □ 対象資産になし
特定事業用資産のうち減価償却資産（建物・自動車等・生物・無形償却資産を除く）の確認方法	□ 貸借対照表 □ 減価償却費の明細 □ 償却資産税課税明細書 □ その他（　　　） □ 対象資産になし
特定事業用資産のうち自動車・二輪車の確認方法	□ 貸借対照表 □ 減価償却費の明細 □ 自動車税等課税明細書 □ 自動車検査証 □ その他（　　　） □ 対象資産になし

（出典）　中小企業庁 HP「認定経営革新等支援機関の確認書（ひな型）」

8　個人事業承継者が3年以上事業従事していたことを証する書面

（例）　　　※　令和●●年●月●日には、書面を作成した日付を記載してください。

誓約書

令和●●年●月●日

都道府県知事　殿

経済　太郎　

　中小企業における経営の承継の円滑化に関する法律第12条第1項の認定（施行規則第6条第16項第7号の事由に該当する場合）の申請をするにあたり、当該認定を受けようとする個人が、同施行規則第6条第16項第7号ホに掲げる事項に該当することを誓約します。

記

1.　先代事業者（贈与者）の氏名
　　○○　○○（住所：○○県○○市・・・）
2.　先代事業者（贈与者）の営んでいた事業
　　○○業（日本標準産業分類における分類：○○業）
3.　贈与日
　　令和○年○月○日
4.　先代事業者からの贈与以前3年間において個人事業承継者が従事していた事業内容
　　○○業（日本標準産業分類における分類：○○業）
　　従事していた期間：○年○月から贈与日まで

[作成のポイント]
○個人事業承継者が誓約してください。
○日本標準産業分類は、中分類（中分類がない場合には大分類）を記載してください。

（出典）　中小企業庁HP「個人版事業承継税制の前提となる経営承継円滑化法の認定申請マニュアル」

9　性風俗関連特殊営業に該当しない旨の誓約書

（例）　　　※　令和●●年●月●日には、誓約書を作成した日付を記載してください。

誓約書

令和●●年●月●日

都道府県知事　殿

経済　太郎　

　中小企業における経営の承継の円滑化に関する法律第12条第1項の認定（施行規則第6条第16項第7号の事由に該当する場合）の申請をするにあたり、当該認定を受けようとする事業が、贈与又は相続の開始の時以後において、同法施行規則で規定する性風俗関連特殊営業に該当しないことを誓約します。

記

　贈与又は相続の開始の時以後において、個人事業承継者が営む事業内容
　　○○業（日本標準産業分類における分類：○○業）

[作成のポイント]
○個人事業承継者が誓約してください。
○日本標準産業分類は、中分類（中分類がない場合には大分類）を記載してください。

（出典）　中小企業庁HP「個人版事業承継税制の前提となる経営承継円滑化法の認定申請マニュアル」

10 先代事業者及び個人事業承継者の住民票の写し

贈与の日以降に取得したマイナンバーの記載のない、同一世帯全員の記載のある原本です。

11 個人事業承継計画又はその確認書の写し

既に個人事業承継計画の確認書の交付を受けている場合には、その確認書（様式第22）の写しを添付します。個人事業承継計画に記載した個人事業承継者に変更がある場合には、新たに個人事業承継者となる者が変更申請書（様式第24の3）を提出します。また、既に個人事業承継計画の変更申請をし、確認を受けている場合には、その変更後の確認書の写しを添付します。

まだ個人事業承継計画の確認を受けていない場合には、認定申請書と同時に個人事業承継計画の確認申請書を提出します。個人事業承継計画を新規に提出することができるのは、2024年（令和6年）3月31日までです。2024年4月1日以降であっても、既に提出した特例承継計画を変更することは可能です。

12 その他、認定の参考となる書類

13 返信用封筒

16 第一種相続認定に係る都道府県知事への認定申請書の書き方

Q 先代事業者が死亡して特定事業用資産の相続又は遺贈を受けた場合に、都道府県知事に対して提出する認定申請書の記載方法を教えてください。

A 先代事業者が死亡して後継者が特定事業用資産の相続又は遺贈によって特定事業用資産を取得し、都道府県知事に提出する「第一種相続認定個人事業者に係る認定申請書」の記入方法は次のようになります。

1 個人事業承継計画の確認について

個人事業承継税制の相続税の納税猶予の特例は、原則として2019年（平成31年）4月1日から2024年（令和6年）3月31日までに個人事業承継計画の確認を受けていなければなりません。特定事業用資産の相続又は遺贈の期限は2028年（令和10年）12月31日までとなっています。しかし、2023年（令和5年）12月31日までに相続又は遺贈によって特定事業用資産を取得した場合には、相続開始の日の翌日から8か月後の認定申請期限までに認定申請書と同時に個人事業承継計画確認申請書を提出することができます。

そこで、認定申請書の「1 個人事業承継計画の確認について」の欄の上段では確認の有無の欄が設けられています。確認がなければ認定申請と同時に提出するため「□無」の欄が設けられています。確認を受けている場合には「□有」として、確認の年月日、確認書の番号、先代事業者の氏名及び個人事業承継者の氏名を記載します。

2 第一種相続認定を受けようとする事業について

「主たる事業内容」はその事業内容を記載します。「相続開始時の常時

使用する従業員の数」には、相続開始日における常時使用従業員数を記載します。常時使用従業員数は、年金事務所が発行する「被保険者縦覧照会回答票」に記載された人数を記載します。

3　被相続人及び第一種相続認定申請個人事業者について

⑴「**相続開始日**」には、先代事業者が死亡した日を記入します。

⑵「**第一種相続申請基準日**」には、相続開始の日の翌日から5か月を経過する日を記載します。

⑶「**相続税申告期限**」には、相続開始の日の翌日から10か月を経過する日を記載します。

⑷「**被相続人**」の欄の氏名及び死亡時点の住所を記入します。

・「相続の開始の時の年齢」の欄には、死亡時における満年齢を記載します。

・「相続開始日の属する年、その前年及びその前々年における青色申告書の提出の有無」の欄は、これらの年のすべてに青色申告書を提出していなければ適用を受けることができませんので、その確認のための記載欄です。

⑸「**第一種相続認定申請個人事業者**」の氏名及び住所を記載します。

・「相続開始日における年齢」の欄は、相続開始日において18歳（2022年（令和4年）3月31日までの贈与については、20歳以上）でなければならないため記入をします。

・「贈与時における贈与者との関係」の欄には、直系卑属か直系卑属以外の親族か親族外かを記入します。

・「開業の届出書の提出の有無」の欄は、その特定事業用資産に係る事業について開業の届出書を提出しなければならないのでその日にちを記載します。

・「相続の直前における当該特定事業用資産に係る事業又はこれと同種若しくは類似の事業への従事の有無」の欄は、相続直前に特定事

70　第Ⅱ章　個人事業承継計画の手続と贈与・相続等後の認定要件

業用資産に係る事業又はこれと同種若しくは類似の事業に従事していたことが必要ですので、いつから従事していたかを記載します。先代事業者が60歳以下の場合には従事が必要とされません。

・「青色申告の承認の申請書の提出の有無」の欄は、相続認定申請日までに青色申告の承認を受けていること又は受ける見込みであることが必要ですので、既に提出していればその年月日を記入します。

・「認定経営革新等支援機関の確認の有無」の欄には、その事業に係る特定事業用資産の全ての相続等による取得及び、その後適用を受けようとする特定事業用資産の全部を有し、かつ自己の事業の用に供している又は供する見込みであることの確認を受けておく必要があります。

第一種相続認定個人事業者に係る認定申請書（様式8の5）

様式第8の5

第一種相続認定個人事業者に係る認定申請書

年　　月　　日

都道府県知事　　殿

郵　便　番　号
住　　　　　所
電　話　番　号
氏　　　　　名　　　　　印

中小企業における経営の承継の円滑化に関する法律第12条第1項の認定（同法施行規則第6条第16項第8号の事由に係るものに限る。）を受けたいので、下記のとおり申請します。

記

1　個人事業承継計画の確認について

施行規則第17条第1項第3号の確認（施行規則第18条第7項又は第8項の変更の確認をした場合には変更後の確認）に係る確認事項	確認の有無		□有 □無（本申請と併せて提出）
	「有」の場合	確認の年月日及び番号	年　月　日（　　号）
		先代事業者の氏名	
		個人事業後継者の氏名	

2　第一種相続認定を受けようとする事業について

相続開始時の常時使用する従業員の数	人	主たる事業内容	

3　被相続人及び第一種相続認定申請個人事業者について

相続開始日	年　　月　　日
第一種相続申請基準日	年　　月　　日
相続税申告期限	年　　月　　日

被相続人	氏名	
	最後の住所	
	相続開始日の属する年、その前年及びその前々年における青色申告書の提出の有無	□有　□無
第一種相続認定申請個人事業者	氏名	
	住所	
	相続開始日における年齢	
	相続時における被相続人との関係	□直系卑属 □直系卑属以外の親族 □親族外
	開業の届出書の提出の有無	□有 （　　年　　月　　日提出） □無
	相続の直前における当該特定事業用資産に係る事業又はこれと同種若しくは類似の事業への従事の有無	□有 （　　年　　月　日から従事） □無
	青色申告の承認の申請書の提出の有無	□有 （　　年　　月　　日提出） □無
	下記の事項についての認定経営革新等支援機関の確認の有無	□有 （　　年　　月　　日確認） □無
	被相続人が営んでいたその事業に係る特定事業用資産の全て^(*1)を相続又は遺贈により取得していること	
	第一種相続申請基準日まで、^(*1)のうち租税特別措置法70条の6の10第1項の適用を受けようとする特定事業用資産の全部を有し、かつ自己の事業の用に供している又は供する見込みであること	

16　第一種相続認定に係る都道府県知事への認定申請書の書き方　73

（備考）

① 用紙の大きさは、日本工業規格A4とする。

② 記名押印については、署名をする場合、押印を省略することができる。

③ 申請書の写し（別紙を含む）及び施行規則第7条第10項各号に掲げる書類を添付する。

④ 「施行規則第17条第1項第3号の確認（施行規則第18条第7項又は第8項の変更の確認をした場合には変更後の確認）に係る確認事項」については、当該確認を受けていない場合には、本申請と併せて施行規則第17条第4項に定める書類を添付する。また、施行規則第18条第7項又は第8項に定める変更をし、当該変更後の確認を受けていない場合には、本申請と併せて同条第9項の規定により読み替えられた前条第4項に定める書類を添付する。

（別紙）

先代事業者の特定個人事業資産等について

先代事業者の相続発生年の前年における特定個人事業資産等に係る明細表					
種別		内容	利用状況	帳簿価額	運用収入
有価証券				(1)　　　　円	(10)　　　　円
不動産	現に自ら使用しているもの			(2)　　　　円	(11)　　　　円
	現に自ら使用していないもの			(3)　　　　円	(12)　　　　円
ゴルフ場その他の施設の利用に関する権利	販売することを目的として有するもの			(4)　　　　円	(13)　　　　円
	販売することを目的としないで有するもの			(5)　　　　円	(14)　　　　円
絵画、彫刻、工芸品その他の有形の文化的所産である動産、貴金属及び宝石	販売することを目的として有するもの			(6)　　　　円	(15)　　　　円
	販売することを目的としないで有するもの			(7)　　　　円	(16)　　　　円
現金、預貯金等	現金及び預貯金その他これらに類する資産			(8)　　　　円	(17)　　　　円
	先代事業者及び特別関係者(施行規則第1条第25項に掲げる者をいう。)に対する貸付金及び未収金その他これらに類する資産			(9)　　　　円	(18)　　　　円
特定個人事業資産の帳簿価額の合計額	(19)=(1)+(3)+(5)+(7)+(8)+(9)　　　　円		特定個人事業資産の運用収入の合計額	(21)=(10)+(12)+(14)+(16)+(17)+(18)　　　　円	
資産の帳簿価額の総額	(20)　　　　円		総収入金額	(22)　　　　円	
特定個人事業資産の帳簿価額等の合計額が資産の帳簿価額等の総額に対する割合	(23)=(19)/(20)　　　　%		特定個人事業資産の運用収入の合計額が総収入金額に占める割合	(24)=(21)/(22)　　　　%	

16　第一種相続認定に係る都道府県知事への認定申請書の書き方　75

やむを得ない事由により資産保有型事業又は資産運用型事業に該当した場合	
該当した日	年　　月　　日
その事由	
解消見込時期	年　　月頃

（記載要領）
①　単位が「％」の欄は小数点第1位までの値を記載する。
②　「先代事業者の相続発生年の前年における特定個人事業資産等に係る明細表」については、被相続人が営んでいた特定事業用資産に係る事業の相続発生年の前年における青色申告書の貸借対照表に計上されていた資産の金額を記載する。
③　「特定個人事業資産」又は「運用収入」については、該当するものが複数ある場合には同様の欄を追加して記載する。
④　申請者が施行規則第6条第17項に該当する場合には、「相続開始」を「贈与」と、「相続の直前における当該特定事業用資産に係る事業又はこれと同種の事業への従事の有無」を「贈与の日前3年以上にわたる当該特定事業用資産に係る事業又はこれと同種の事業への従事の有無」と読み替える。
⑤　「やむを得ない事由により資産保有型事業又は資産運用型事業に該当した場合」については、その該当した日、その理由及び解消見込時期を記載する。

（出典）　中小企業庁 HP

17　第一種相続認定個人事業者の認定申請添付書類

Q 第一種相続認定個人事業者の認定申請書に添付しなければならない書類はどのようなものでしょうか。

　先代事業者から相続等によって特定事業用資産を取得した後継者は認定申請書に次の書類を添付して都道府県知事あてに認定申請をしなければなりません。

1　認定申請書（原本1部、写し1部）
2　遺言書又は遺産分割協議書の写し及び相続税額の見込み額を記載した書類

　以下の事項が記載されている必要がありますが、「贈与税の申告書」第1表、第8の2表及びその付表、第11表でもかまいません。

・特定事業用資産のうち納税猶予の適用を受けるもの（特例事業用資産）の明細。
・通常通り相続税を支払うとした場合の相続税総額（見込額）。
・納税猶予を受けようとする特定事業用資産に係る相続税額（納税猶予見込額）。

3　開業の届出書の写し

　認定申請時までに個人事業承継者は「開業の届出書」を納税地の所轄税務署長へ提出し、かつ、認定申請時に当該届出書（税務署の受領印のあるもの）の写しを添付する必要があります。

4　青色申告の承認の申請書の写し又は青色申告の承認の通知の写し
5　先代事業者の相続開始の日の属する年の前年・前々年の青色申告書及び青色申告決算書の写し

　先代事業者の相続開始の日の属する年の前年、前々年の青色申告書及び青色申告書に添付する決算関係書類等の写しを添付します。

青色申告書（確定申告書B）

・確定申告書第一表

・確定申告書第二表

所得税青色申告決算書の全て

・損益計算書

・給料賃金・専従者給与等の内訳

・減価償却費の計算

・貸借対照表

・その他の明細書

6　認定経営革新等支援機関の確認を受けたことを証する書面

　次に掲げる事項について認定経営革新等支援機関の確認を受けたことを証する書面（確認書）を添付しなければなりません。なお、確認時に用いた「特定事業用資産の明細」も提出します。

・相続等により取得した特定事業用資産が、先代事業者がその事業の用に供していた特定事業用資産の全てであること

・当該特定事業用資産のうち相続税の納税猶予制度（租税特別措置法第70条の6の10）の適用を受けようとする特定事業用資産の全部を自己の事業の用に供していること又はその見込みであること

・当該事業に係る取引を記録し、かつ、帳簿書類の備え付けを行っていること（個人事業承継者が既に事業所得を生じる他の事業を行っている場合には、区分整理をしていること）

特定事業用資産の移転等に係る認定経営革新等支援機関の確認書

特定事業用資産の移転等に係る認定経営革新等支援機関の確認書

令和　　年　　月　　日

都道府県知事　　殿

　認定経営革新等支援機関名は、○○○○様の「中小企業における経営の承継の円滑化に関する法律第12条第1項（同法施行規則第6条第16項第○号の事由に係るものに限ります。）」の認定要件について、○○○○様から提供された情報を基に、以下の通り確認しました。

ID番号
所在地
認定経営革新等支援機関名
電話番号
代表者の氏名　　　　　　　　印

１．確認を受ける個人事業者について

個人事業承継者の氏名	
個人事業承継者の住所	

２．特定事業用資産の確認について

確認内容	確認結果	
先代事業者が営んでいたその事業に係る特定事業用資産の全て（先代事業者が有していたものに限り、当該特定事業用資産の全部又は一部が数人の共有に属する場合における当該共有に係る事業用資産については、先代事業者が有していた共有持分の全部）^(*1)の取得がされているか。	はい □　贈与契約書 □　遺産分割協議書 □　遺言書 □　その他（　　　　）	いいえ
上記の確認につき、当該個人事業者に対して、内容を証する方法が確認できたか。	はい 【確認方法】	いいえ
認定申請時まで、^(*1)のうち租税特別措置法第70条の6の8第1項又は第70条の6の10第1項の適用を受けようとする特定事業用資産の全てを有し、かつ自己の事業の用に供しているか。	はい 【確認方法】	いいえ
当該事業に係る取引を記録し、かつ帳簿書類の備付けを行っているか（先代事業者からの承継前に既に事業所得を生じる他の事業を行っている場合には、当該事業と当該特定事業用資産に係る事業とを区分整理していること）。	はい 【確認方法】	いいえ

17　第一種相続認定個人事業者の認定申請添付書類　　79

特定事業用資産の確認方法について

区分	確認方法
特定事業用資産のうち宅地等の確認方法	☐ 貸借対照表 ☐ 固定資産税課税明細書 ☐ その他(　　　) ☐ 対象資産になし
特定事業用資産のうち建物の確認方法	☐ 貸借対照表 ☐ 減価償却費の明細 ☐ 固定資産税課税明細書 ☐ その他(　　　) ☐ 対象資産になし
特定事業用資産のうち減価償却資産(建物・自動車等・生物・無形償却資産を除く)の確認方法	☐ 貸借対照表 ☐ 減価償却費の明細 ☐ 償却資産税課税明細書 ☐ その他(　　　) ☐ 対象資産になし
特定事業用資産のうち自動車・二輪車の確認方法	☐ 貸借対照表 ☐ 減価償却費の明細 ☐ 自動車税等課税明細書 ☐ 自動車検査証 ☐ その他(　　　) ☐ 対象資産になし

（出典）　中小企業庁 HP「認定経営革新等支援機関の確認書（ひな型）」

7　個人事業承継者が相続開始直前に事業従事していたことを証する書面

(例)　　※　令和●●年●月●日には、書面を作成した日付を記載してください。

誓約書

令和●●年●月●日

都道府県知事　殿

経済　太郎　

中小企業における経営の承継の円滑化に関する法律第12条第1項の認定(施行規則第6条第16項第8号の事由に該当する場合)の申請をするにあたり、当該認定を受けようとする個人が、同施行規則第6条第16項第8号ニに掲げる事項に該当することを誓約します。

記

1. 先代事業者（被相続人）の氏名
   ○○　○○（住所：○○県○○市・・・）
2. 先代事業者（被相続人）の営んでいた事業
   ○○業（日本標準産業分類における分類：○○業）
3. 先代事業者の相続の開始の直前において個人事業承継者が従事していた事業内容
   ○○業（日本標準産業分類における分類：○○業）

[作成のポイント]
○個人事業承継者が誓約してください。
○日本標準産業分類は、中分類（中分類がない場合には大分類）を記載してください。
○先代事業者が60歳未満で死亡した場合には当該誓約書は不要です。

（出典）　中小企業庁HP「個人版事業承継税制の前提となる経営承継円滑化法の認定申請マニュアル」

8　性風俗関連特殊営業に該当しない旨の誓約書

(例)　　※　令和●●年●月●日には、誓約書を作成した日付を記載してください。

誓約書

令和●●年●月●日

都道府県知事　殿

経済　太郎　

中小企業における経営の承継の円滑化に関する法律第12条第1項の認定(施行規則第6条第16項第8号の事由に該当する場合)の申請をするにあたり、当該認定を受けようとする事業が、贈与又は相続の開始の時以後において、同法施行規則で規定する性風俗関連特殊営業に該当しないことを誓約します。

記

贈与又は相続の開始の時以後において、個人事業承継者が営む事業内容
○○業（日本標準産業分類における分類：○○業）

[作成のポイント]
○個人事業承継者が誓約してください。
○日本標準産業分類は、中分類（中分類がない場合には大分類）を記載してください。

（出典）　中小企業庁HP「個人版事業承継税制の前提となる経営承継円滑化法の認定申請マニュアル」

9　先代事業者及び個人事業承継者の住民票の写し

相続開始の日以降に取得した死亡したものを含んだ、マイナンバーの記載のない、同一世帯全員の記載のある原本である住民票です。

10　個人事業承継計画又はその確認書の写し

既に個人事業承継計画の確認書の交付を受けている場合には、その確認書（様式第22）の写しを添付します。個人事業承継計画に記載した個人事業承継者に変更がある場合には、新たに個人事業承継者となる者が変更申請書（様式第24の3）を提出します。また、既に個人事業承継計画の変更申請をし、確認を受けている場合には、その変更後の確認書の写しを添付します。

まだ個人事業承継計画の確認を受けていない場合には、認定申請書と同時に個人事業承継計画の確認申請書を提出します。個人事業承継計画を新規に提出することができるのは、2024年（令和6年）3月31日までです。2024年（令和6年）4月1日以降であっても、既に提出した特例承継計画を変更することは可能です。

11　その他、認定の参考となる書類

12　返信用封筒

第Ⅲ章
贈与税の納税猶予の適用から免除

18 特定事業用資産の贈与税の納税猶予の税務上の要件等

Q 都道府県知事の認定を受けた後に特定事業用資産の贈与税の納税猶予・免除の適用を受けるための税務上の要件について教えてください。

A 都道府県の認定を受けるための要件とは別に、税務署に対して申告する特定事業用資産の贈与税の納税猶予適用のための要件があります。先代事業者等の贈与者、後継者である特例事業承継者それぞれに定められた要件があり、これを満たしていなければ特定事業用資産の贈与税の納税猶予・免除の規定を適用することができません。

1 特定事業用資産の贈与税の納税猶予・免除の概要

認定受贈者（18歳（令和4年3月31日までの贈与については、20歳）以上である者に限られます。以下同じ。）が、平成31年1月1日から令和10年12月31日までの間に、贈与（最初の納税猶予の適用に係る贈与及びその贈与の日その他一定の日から一年を経過する日までにされた贈与に限られます。）により特定事業用資産の全てを取得し、事業を継続していく場合には、担保の提供を条件に、その認定事業受贈者が納付すべき贈与税額のうち、贈与により取得した特定事業用資産の課税価格に対応する贈与税の全額の納税が猶予されます。

ここで、「最初の納税猶予の適用に係る贈与及びその贈与の日その他一定の日から一年を経過する日までにされた贈与に限られる」となっているのは先代事業者から特定事業用資産の全ての一括贈与を受けた後に、先代経営者と生計を一にする親族から特定事業用資産の贈与を受ける場合を想定しているためです。

2　先代事業者等の贈与者の要件

(1)　贈与者が先代事業者である場合…次の全てを満たす者

①　その贈与の時において事業廃止届出書を提出していること又は贈与税の申告期限までに事業廃止届出書を提出する見込みであること

②　その事業について、その贈与の日の属する年、その前年、その前々年の確定申告書を65万円青色申告特別控除の適用を受けて提出していること

(2)　贈与者が先代事業者以外の場合…次の全てを満たす者

①　先代事業者の贈与又は相続開始の直前において先代事業者と生計を一にする親族であること

②　先代事業者の個人事業承継税制の適用に係る贈与又は相続後にその特定事業用資産の贈与をしていること

　先代事業者以外の者からの特定事業用資産の贈与は先代事業者の最初の贈与又は相続等があった日から1年を経過する日までの贈与に限ります。

3　特例事業受贈者（措法70の6の8②二）

①　その贈与の日において18歳（令和4年3月31日までの贈与については、20歳）以上であること

②　中小企業経営承継円滑化法の中小企業であって特例円滑化法認定を受けていること

③　贈与の日まで引き続き3年以上にわたりその特定事業用資産に係る事業（駐車場業及び自転車駐車場業※を含む）に従事していたこと

　※ここでいう「駐車場業及び自転車駐車場業」にいわゆる月極駐車場業は含まれません。管理人が常駐している時間貸しなどの駐車場業や自転車駐車場業をいいます。

　3年以上事業に従事していた実績が必要ですが、その判定は次のよう

に行うこととされています。

イ　特定事業用資産に係る事業と同種又は類似の事業に該当している
ことが必要ですが、事業の判定は日本標準産業分類の中分類に基づ
いて行います。受贈者が従事していた事業が中分類上、特定事業用
資産に係る事業と異なるものに分類される場合であっても、その受
贈者がその事業において従事していた業務が、その特定事業用資産
に係る事業において行われる業務と同種又は類似のものであるとき
は、その受贈者は特定事業用資産に係る事業に従事していた場合に
該当することとされています。

ロ　その特定事業用資産に係る事業に必要な知識及び技能を習得する
ための高等学校、大学、高等専門学校その他の教育機関における就
学期間は、3年以上の期間に含めてよいこととされています。同様
にその受贈者が学生、生徒又は給与所得者として繁忙期及び休祭日
等にその特定事業用資産に係る事業に従事していた期間を含めても
よいこととされています。

④　贈与の時から贈与税の申告期限まで引き続きその特定事業用資産
の全てを有し、かつ、自己の事業の用に供していること

⑤　贈与税の申告期限までに、その特定事業用資産に係る事業につい
て開業届出書を提出し、青色申告の承認を受けていること

⑥　贈与の時においてその特定事業用資産に係る事業が、資産保有型
事業、資産運用型事業及び性風俗関連特殊営業のいずれにも該当し
ないこと

⑦　中小企業経営承継円滑化法の個人事業承継計画の確認を受けてい
ること

4　推定相続人及び孫以外の認定受贈者の相続時精算課税の適用（措法70の2の7）

認定受贈者が贈与者の直系卑属である推定相続人及び孫以外の者であ

っても、その贈与者がその年1月1日において60歳以上である場合には、相続時精算課税の適用を受けることができることとされています。

5 贈与者の死亡時には贈与時の価額を相続財産に加算（措法70の6の9）

　贈与者が死亡した時は、特定事業用資産（既に納付した猶予税額に対応する部分を除きます。）をその贈与者から相続等により取得したものとみなして、贈与時の時価を他の相続財産と合算して相続税を計算することになります。その際に都道府県知事の切替確認を受けることができれば贈与時の課税価格に対応する相続税額について相続税の納税猶予の適用を受けることができます。

6 債務がある場合の取扱い

　贈与税の納税猶予税額を計算する際には、特定事業用資産とともに引き受けた債務がある場合には、特定事業用資産の額からその債務の金額を控除して贈与税額を計算して、その贈与税額が納税猶予税額となります。ただし、控除する債務からは事業に関するもの以外の債務であることが明らかのものを除きます。

特定事業用資産の価額 － 事業用債務の額（明らかに事業用でない 債務の額を除く）

＝

猶予税額計算の基礎

7 事業用の債務と明らかに事業用でない債務の額

　特例受贈事業用資産に係る事業に関するものと認められる債務のほか、その事業に関するものと認められるもの以外の債務であることが金銭の貸付けに係る消費貸借に関する契約書その他の書面によって明らかにされない債務も含まれますので留意する必要があります。

その事業に関するものと認められるもの以外の債務は、例えば次に掲げるものが該当します。

(1) 居住の用に供する家屋及びその敷地を取得するための資金に充てるための借入金

(2) 教育に要する資金に充てるための借入金

(3) その事業の用に供しない自動車その他の資産の取得に要する資金に充てるための借入金

8　担保提供

納税が猶予される贈与税額及び利子税の額に見合う担保を税務署に提供する必要があります。

19 特定事業用資産の贈与税の納税猶予税額の計算

Q 特定事業用資産の贈与税の納税猶予の適用を受けた場合の贈与税額の計算方法を教えて下さい。

A 贈与税は暦年課税又は相続時精算課税によって計算します。受贈者が1年間に贈与を受けたすべての財産の合計額に対応する贈与税額から、特定事業用資産の合計額のみで計算した贈与税額を控除した金額が納付贈与税額となります。

ステップ1 贈与を受けたすべての財産の価額の合計額に基づき贈与税を計算します。

　92頁の図表Ⅲ－1では特定事業用資産以外の事業用の預貯金やそれ以外の財産も贈与を受けている例で説明されています。実際には、特定事業用資産だけの贈与を受けて、他の事業用資産はその資産の保有者から貸与を受けるという方法も考えられます。たとえば事業用の資金や売掛金などは貸与されることなどが考えられるのですが、その場合には親子などの親族関係といえども適正な利息の支払いが必要です。【事例1】では特定事業用資産および事業用現預金やそれ以外事業用財産も贈与を受けたものとして計算しています。

┌─【事例1】─────────────────────────────
・特定事業用資産の合計額
（特定事業用資産に対応する債務引受はない）　　　　　　　　1億円
・その他の事業用資産の合計　　　　　　　　　　　　　　2,500万円
・特例事業受贈者（先代事業者とともに事業に10年従事）　　　40歳
・過去に相続時精算課税制度の適用を受けていない

贈与者である先代事業者（特例受贈者の父）	70歳

(1) **暦年贈与による贈与税額**

（1億円＋2,500万円）−基礎控除110万円＝1億2,390万円

1億2,390万円×55％−640万円＝6,174.5万円

(2) **相続時精算課税による贈与税額**

（1億円＋2,500万円）−2,500万円＝1億円

1億円×20％＝2,000万円

相続時精算課税による贈与が有利か暦年課税による贈与が有利かについては、Q20に詳しくまとめます。

ステップ2 **贈与を受けた財産がこの制度を受ける特定事業用資産のみであると仮定して贈与税の納税猶予税額を計算します。**

(1) **暦年贈与の場合**

1億円−110万円＝9,890万円

9,890万円×55％−640万円＝4,799.5万円

(2) **相続時精算課税の場合**

1億円−2,500万円＝7,500万円

7,500万円×20％　＝1,500万円

ステップ3 **納付贈与税額**

(1) 暦年贈与の場合　　　　　6,174.5万円−4,799.5万円＝1,375万円

(2) 相続時精算課税の場合　　2,000万円−1,500万円＝500万円

結論

(1) **暦年贈与の場合**

贈与税の総額は6,174.5万円ですが、4,799.5万円が納税を猶予されま

すので差し引き1,375万円を贈与を受けた年の翌年3月15日までに納付しなければなりません。

(2) 相続時精算課税の場合

贈与税の総額は2,000万円ですが、1,500万円が納税を猶予されますので差し引き500万円を贈与を受けた年の翌年3月15日までに納付しなければなりません。

2 贈与者が2以上ある場合の納税猶予分の贈与税額の計算

特例事業受贈者に係る贈与者が2以上ある場合における納税猶予分の贈与税額の計算は、次の順により行います。

(1) 次の区分に応じ、それぞれに掲げる額をその特例事業受贈者に係るその年分の贈与税の課税価格とみなして、上記のステップに従って計算します。なお、この際の100円未満の端数処理は行いません。

① 次の②以外の場合……その特例事業受贈者がその年中において特例対象贈与により取得したすべての特例受贈事業用資産の価額の合計額

② その特例受贈事業用資産が相続時精算課税制度の適用を受けるものである場合……その特例受贈事業用資産に係る特例事業受贈者がその年中において特例対象贈与により取得したすべての特例受贈事業用資産の価額を特定贈与者ごとに合計した額のそれぞれの額

(2) 特例受贈事業用資産の上記(1)①及び②に掲げる区分に応じ、その特例受贈事業用資産に係る贈与者の異なるものごとの納税猶予分の贈与税額を計算します。(100円未満の端数処理を行います。)

(3) 上記(2)により算出されたそれぞれの納税猶予分の贈与税額の合計額がその特例事業受贈者に係る納税猶予分の贈与税額となります。

19 特定事業用資産の贈与税の納税猶予税額の計算 91

図表Ⅲ-1　納税が猶予される贈与税などの計算方法

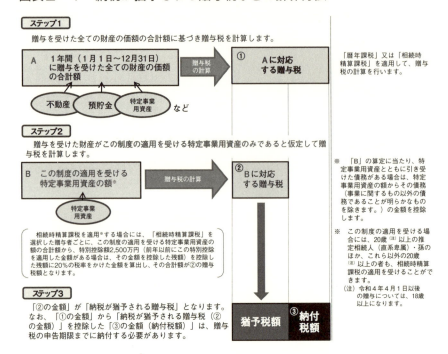

（出典）　国税庁HP「個人版事業承継税制のあらまし」

図表Ⅲ-2　贈与税の速算表

【一般贈与財産用】（一般税率）

基礎控除後の課税価格	200万円以下	300万円以下	400万円以下	600万円以下	1,000万円以下	1,500万円以下	3,000万円以下	3,000万円超
税　率	10%	15%	20%	30%	40%	45%	50%	55%
控除額	－	10万円	25万円	65万円	125万円	175万円	250万円	400万円

【特例贈与財産用】（特例税率）

基礎控除後の課税価格	200万円以下	400万円以下	600万円以下	1,000万円以下	1,500万円以下	3,000万円以下	4,500万円以下	4,500万円超
税　率	10%	15%	20%	30%	40%	45%	50%	55%
控除額	－	10万円	30万円	90万円	190万円	265万円	415万円	640万円

（出典）　国税庁 HP

20 相続時精算課税による贈与でリスク低減

Q 　贈与税の納税猶予の適用を受ける際に暦年贈与で適用を受けるのと、相続時精算課税で適用する場合とではどのような違いがあるのでしょうか。それぞれの制度の適用についてメリットとデメリットを教えてください。

A
1　相続時精算課税制度の概要

　相続時精算課税制度は暦年課税との選択によって適用が認められている制度で、満60歳以上の父母又は祖父母から満18歳以上（2022年（令和4年）3月31日までの贈与については20歳以上。いずれもその年1月1日現在の年齢。）の直系卑属である相続人（代襲相続人も含まれ、養子でもOKです。）又は孫に対する贈与に限り選択が可能です。この制度を選択すると2,500万円までは無税で、これを超える部分については一律20％の税率の贈与税ですむという画期的な制度です。

　養子の人数に制限はなく、兄弟姉妹がそれぞれ別々に選択できますし、父母又は祖父母についてもそれぞれの贈与者ごとに選択することができます。さらに、暦年課税制度では、受贈者ごとにその年に受けたすべての人からの贈与財産を合計して贈与税を計算しますが、この精算課税制度の適用を受けた場合には、切り離して父母又は祖父母ごとに計算し、その贈与者に相続が発生するまで合算していきます。

　精算課税制度の適用を受けようとする人は、贈与を受けた年の翌年2月1日から3月15日までの間に、精算課税制度を選択する旨の届出書を贈与税の申告書に添付して税務署に提出する必要があります。一度この制度を選択したら、その贈与者との間では、相続発生時までこの制度が適用され、暦年課税制度に戻ることはできません。

　贈与の回数や財産の種類、1回の贈与金額、贈与の期間などに制限は

94　　第Ⅲ章　贈与税の納税猶予の適用から免除

ありませんので、2,500万円の大きな特別控除額に達するまでは何度でも無税で贈与できます。2,500万円を超えて初めて20％の税率で贈与税を納める必要があるわけですが、このときには暦年課税の110万円の基礎控除はありませんのでご注意ください。

図表Ⅲ－3　相続時精算課税制度のしくみ

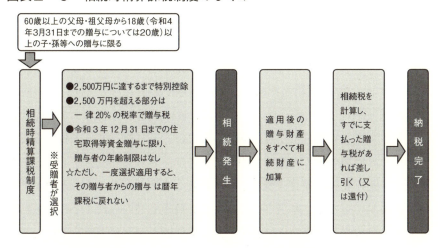

2　相続時精算課税制度を選択した場合の相続税

　精算課税制度を選択した相続人は、その贈与者である父母又は祖父母に相続が発生した時に、それまでにこの制度の適用を受けた課税価格と相続した財産とを合算して計算した相続税額から、二重課税にならないように、納付した贈与税額を控除して相続税を計算することになります。

　相続財産については、相続発生時の課税価格で計算されますが、合算される価額は贈与を受けた時の課税価格で計算します。ここが1つのポイントです。相続税の計算は従来と同じように法定相続分による課税方式で計算し、相続税額から控除しきれない贈与税額がある場合には、その贈与税相当額は還付を受けることができます。その名称どおり、相続のときに贈与税と相続税との間の精算が行われるのです。

3　特定事業用資産の一括贈与で相続時精算課税の適用が可能に

　個人事業の特定事業用資産の贈与税の納税猶予の適用を受ける際に、相続時精算課税の適用を受けることができます。先代事業者から前年以前に相続時精算課税によって財産の贈与を受けていた場合でも、特定事業用資産の一括贈与を受けた際に初めて相続時精算課税の適用を受ける場合でもいいことになります。

　問題は万が一認定が取り消された場合の贈与税及びこれに係る延滞税負担の大きさです。【事例１】でいえば、暦年課税で4,799.5万円の贈与税の納税猶予を受けていた場合に、認定が取り消されると猶予されていた金額4,799.5万円とその延滞税の納付が必要となります。相続時精算課税であれば、1,500万円とその延滞税の納税が必要ですが、先代経営者が死亡して相続税が課税される際には、一旦贈与時点の特定事業用資産の評価額である１億円が相続財産に加算されて相続税が計算された上で、既に相続時精算課税によって納税した贈与税額1,500万円が控除されます。つまり、結果として贈与税を負担しなかったことになるわけです。暦年贈与の場合には猶予されていた贈与税と延滞税を納付して完了ですから大きな違いです。

　次の図表を見ていただくと一目瞭然です。

図表Ⅲ-4

【事例】先代事業者が死亡

・特定事業用資産1億円、その他の事業用資産の合計2,500万円。
・先代事業者の相続開始時のその他の資産7,500万円。
・相続人は後継者1名のみ。 ・小規模宅地の特例は考慮しない。

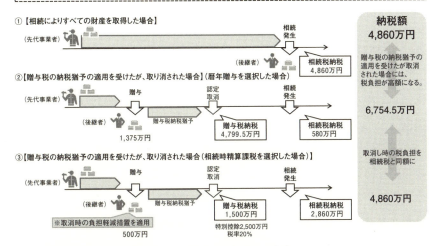

※納付税額は、先代経営者の息子が後継者になることを前提に算出。(利子税は考慮外)
※親族外承継の場合、親族外の後継者には相続税額の2割に相当する金額が加算される。また、贈与税額も高くなるケースがある。

☆相続税額の概算
① 相続によりすべての財産を取得した場合の相続税額
 (1億円+2,500万円+7,500万円)-(3,000万円+600万円)=1億6,400万円
 1億6,400万円×40%-1,700万円=4,860万円

② 暦年贈与を選択した場合の相続時のその他財産に対する相続税
 7,500万円-(3,000万円+600万円)=3,900万円
 3,900万円×20%-200万円=580万円

③ 相続時精算課税を選択した場合
 ①と同じ相続税額-既に納付した税額
 4,860万円-(500万円+1,500万円)=2,860万円

20 相続時精算課税による贈与でリスク低減 97

このように特定事業用資産の贈与税の納税猶予の適用を相続時精算課税を適用して受けてもリスクはありません。贈与時点の評価額が相続時の財産価額として相続税が課されるため、特定事業用資産の評価額が上昇した場合には有利になります。減価償却資産については逆に評価額が下がる可能性がありますので注意する必要がありますが、事業用宅地等については地価が上昇することがあり得ますので検討する価値があるでしょう。

4　相続時精算課税の場合の二重課税はない

　特定事業用資産の贈与を相続時精算課税で受けていて、受贈者が先に死亡した場合や次の後継者に贈与した場合等で、猶予税額の全部又は一部免除を受けたときは、贈与者である先代事業者が死亡したときは、先代事業者の相続時精算課税の対象から除外されます。結果、先代事業者の相続時精算課税として特定事業用資産が取り込まれての相続税課税と受贈者の相続人に対する特定事業用資産の課税の両方に課税されることはありません。この取扱いは非上場株式等の相続税の納税猶予制度においても、平成31年4月1日以後の非上場株式等の贈与から受贈者が先に死亡した場合においても同様に取り扱われています。

　なお、非上場株式等の贈与税の納税猶予の取扱い上、平成31年3月31日までの次の受贈者に贈与した場合等の取扱いについては、従前から二重課税が排除されています。

21 贈与税の納税猶予税額の免除、期限確定事由と納付

Q 贈与税の納税猶予適用中に事業廃止などで猶予税額の全部又は一部と利子税の納付が必要になるそうですが、どのような場合にそうなるのでしょうか。また、免除になるのはどのような場合でしょうか。

A 事業廃止、資産管理事業又は性風俗関連特殊事業に該当した場合などに納税猶予の期限が確定し、猶予税額の全部又は一部とこれに対応する利子税の納付が必要となります。認定贈与者が死亡した場合などに免除されます。

1 特例受贈事業用資産の継続保有と継続届出書の提出

贈与税の納税猶予適用開始後も引き続き特例事業用受贈資産を保有し、3年ごとに税務署に継続届出書に一定の書類を添付して提出することによって納税猶予が継続されます。なお、継続届出書の提出がない場合には、猶予贈与税額の全額と利子税の納付が必要になります。

2 贈与税の全額と利子税の納付が必要となる場合

次の事由が生じた場合には、贈与税の全額と利子税の納付が必要となります。

(1) 事業を廃止した場合（やむを得ない事由がある場合や破産手続き開始があった場合を除きます。）

(2) 資産管理事業又は性風俗関連特殊営業に該当した場合

(3) 特例受贈事業用資産に係る事業について、その年のその事業に係る事業所得の総収入金額がゼロとなった場合

(4) 青色申告の承認が取り消された場合

上記(1)の「事業を廃止した場合」とは、特例受贈事業用資産に係る事

業の全てを廃止した場合をいい、次に掲げる場合は、「事業を廃止した場合」に該当しません。これらの場合に、特例事業受贈者の事業の用に供されなくなった特例受贈事業用資産がある場合には、その特例受贈事業用資産に係る猶予中贈与税額に相当する贈与税については、納税猶予の期限が確定することとなります。

① 特例受贈事業用資産に係る事業が2以上ある場合において、そのうち一部の事業を廃止したとき

② 特例受贈事業用資産に係る事業を他の事業に転業した場合

③ 災害、疾病のためやむを得ず一時的にその事業を休止した場合

3 贈与税の一部と利子税の納付が必要となる場合

特例受贈事業用資産が事業の用に供されなくなった場合には、納税が猶予されている贈与税のうち、その事業の用に供されなくなった部分に対応する贈与税と利子税を合わせて納付しなければなりません。もちろん事業の用に供されなくなった部分以外の部分に対応する贈与税については引き続き納税が猶予されます。

ただし、次の場合には納税猶予は継続されます。

(1) 特例受贈事業用資産を陳腐化等の事由により廃棄した場合において、税務署にその旨の書類等を提出したとき

(2) 特例受贈事業用資産を譲渡した場合において、その譲渡があった日から1年以内にその対価により新たな事業用資産を取得する見込みであることについて税務署長の承認を受けたとき（取得に充てられた対価に相当する部分に限ります。）

(3) 特定申告期限※の翌日から5年を経過する日後の会社の設立に伴う現物出資により、全ての特例受贈事業用資産を移転した場合において、その移転につき税務署長の承認を受けたとき

　※特定申告期限……後継者の最初のその制度の適用に係る贈与税の申告期限又は最初の「個人事業用資産についての相続税の納税猶予及び免

除」の適用に係る相続税の申告期限のいずれか早い日をいいます。

4 贈与税の猶予税額の免除

贈与者である先代事業者等の死亡等の次の事由があった場合には、「免除届出書」・「免除申請書」を提出することにより、その死亡等があったときにおいて納税が猶予されている贈与税の全部または一部についてその納付が免除されます。

★猶予される贈与税の納付が免除される事由

(1) 贈与者である先代経営者等が死亡した場合

(2) 特例事業受贈者が死亡した場合

(3) 特定申告期限の翌日から5年を経過する日後に、特例受贈事業用資産の全てについて「免除対象贈与」※1を行った場合

(4) 事業を行うことができなくなったことについてやむを得ない事由※2がある場合

(5) 破産手続開始の決定などがあった場合

(6) 事業の継続が困難な一定の事由が生じた場合において、特例受贈事業用資産の全ての譲渡、事業の廃止をしたとき

※1 免除対象贈与……この制度の適用を受けている特例受贈事業用資産が後継者に贈与され、その後継者が「個人の事業用資産についての贈与税の納税猶予及び免除」の適用を受ける場合の贈与をいいます。

※2 やむを得ない事由……次に掲げる事由のいずれかに該当することとなったことをいいます。

① 精神保健及び精神障害者福祉に関する法律の指定を受けたことにより精神障害者保健福祉手帳（障害等級が1級）の交付を受けたこと

② 身体障害福祉法の規定により身体障害者手帳（身体上の障害等級が1級又は2級）の交付を受けたこと

③ 介護保険法の規定による要介護認定（要介護状態区分が要

介護5）を受けたこと

（参考）利子税の計算方法

○　猶予の期限が確定した贈与税・相続税を納付する場合に、これと併せて納付する利子税は、贈与税・相続税の申告期限の翌日から納税猶予の期限までの期間（日数）に応じ、年3.6%の割合で計算します。

なお、各年の特例基準割合が7.3%に満たない場合には、その年における利子税の割合は、次の計算式のとおり軽減されます（0.1%未満の端数は切捨て。令和元年は0.7%に軽減。）。

（計算式）

$$利子税の割合　=　3.6\% \times \frac{特例基準割合※}{7.3\%}$$

※　特例基準割合とは、各年の前々年の10月から前年の9月までの各月における銀行の新規の短期貸出約定平均金利の合計を12で除して得た割合として、各年の前年の12月15日までに財務大臣が告示する割合に1%の割合を加算した割合（令和元年は1.6%）をいいます。

5　経営承継円滑化法の有効期間内の取消

　経営承継円滑化法の認定を受けてから2年間が認定の有効期間ですが、その有効期間内に認定取消事由に該当していることが判明すると、認定が取り消されます。経営承継円滑化法の認定取消事由を表にすると次のようになります。

【経営承継円滑化法（贈与）の認定取消事由】

事由	必要な手続	猶予されている贈与税
1．認定個人事業者（受贈者）が死亡した場合	随時報告	免除
2．認定個人事業者（受贈者）が重度の障害、疾病その他のやむを得ない事情により事業を継続することができなくなった場合	随時報告	免除
3．認定個人事業者（受贈者）について破産手続開始の決定があった場合	随時報告	免除

4．認定に係る贈与により取得した特定事業用資産に係る事業を廃止した場合	随時報告	納税
5．認定に係る贈与により取得した特定事業用資産の全てを譲渡した場合※	随時報告	納税
6．認定に係る贈与により取得した特定事業用資産の全てが青色申告書の貸借対照表に計上されなくなった場合	随時報告	納税
7．認定個人事業者（受贈者）の青色申告の承認申請が却下された場合随時報告納税	随時報告	納税
8．認定個人事業者（受贈者）の青色申告の承認が取り消された場合	随時報告	納税
9．認定個人事業者（受贈者）が青色申告書の提出をやめる旨の届出書を提出した場合	随時報告	納税
10．認定に係る贈与により取得した特定事業用資産に係る事業が資産保有型事業に該当した場合	随時報告	納税
11．認定に係る贈与により取得した特定事業用資産に係る事業が資産運用型事業に該当した場合	随時報告	納税
12．認定に係る贈与により取得した特定事業用資産に係る事業が性風俗特殊関連営業に該当した場合	随時報告	納税
13．認定に係る贈与により取得した特定事業用資産に係る事業の総収入金額が零となった場合	随時報告	納税
14．自発的な猶予の取消申請をした場合	取消申請書 （随時報告は不要）	納税

21　贈与税の納税猶予税額の免除、期限確定事由と納付　103

（※）認定個人事業者（受贈者）が租税特別措置法第70条の6の8第5項の承認を受けた場合において、当該譲渡があった日から1年を経過する日までに当該承認に係る譲渡の対価の全部又は一部が当該事業の用に供される資産の取得に充てられた場合を除く。

22 特例受贈事業用資産の買換承認

Q 特例受贈事業用資産を譲渡した場合において、その譲渡があった日から1年以内にその対価により新たな事業用資産を取得する見込みについて税務署長の承認を受け、買換資産を取得した場合、納税猶予が継続されるそうですが、詳しく教えてください。

A 特例受贈事業用資産を譲渡した場合において、その譲渡があった日から1年以内にその対価により新たな事業用資産を取得する見込みについて税務署長の承認を受け、買換資産を取得した場合、納税猶予が継続されます。

1 譲渡の対価の額

買換承認に係る譲渡の対価の額は、買換承認を受けた特例事業者の次の区分に応じ、それぞれ次の価額をいいます。

(1) その特例事業受贈者が(3)に掲げるもの以外の者である場合において税抜経理方式を適用しているとき……その特例受贈事業用資産に係る税抜価額

(2) その特例事業受贈者が(3)に掲げるもの以外の者である場合において税込経理方式を適用しているとき……その特例受贈事業用資産に係る税込価額

(3) その特例事業受贈者が免税事業者である場合……その特例受贈事業用資産の実際の譲渡価額

2 買換資産の取得

特例事業受贈者の事業の用に供する買換資産の取得については、次のような留意点があります。

(1) 買換資産の取得には、購入によるほか、自己の建設、製作又は製造

に係る資産の建築等による取得、自己が生育させた生物の生育による取得並びに自己が成熟させた生物の成熟による取得が含まれます。これらの建設等、生育、又は成熟は1年を経過する日までに完了している必要があります。

(2) 特例受贈事業用資産の譲渡があった日前に買換資産の取得が行われている場合においては、その取得に関する契約が譲渡に関する契約があった日以後に行われているときに限りこの取扱いの適用があります。

3　仲介料、登記費用等の費用

買換承認を受けている場合において、特例受贈事業用資産の譲渡又は買換資産の取得に要した仲介料、登記費用等の費用があるときは次によります。

(1) 特例受贈事業用資産の譲渡について仲介料、登記費用等の費用を要した場合には、その譲渡の対価の額からその譲渡に要した費用の額を控除した金額をもって「譲渡の対価の額」とします。

(2) 買換資産の取得について、仲介料、登記費用等の費用を要した場合には、その費用の額は、その買換資産の取得に充てられたものとします。

4　特例受贈事業用資産とみなされる買換資産

買換承認に係る譲渡の対価の額を充てて取得した買換資産は、特例受贈事業用資産とみなされることから、その譲渡の対価の額を充てて取得した一の資産の取得価額がその譲渡の対価の額を超える場合においても、その取得をしたその一の資産が特例受贈事業用資産に該当することになります。

その譲渡の対価の額を充てて取得した資産が宅地等である場合には、その宅地等の分筆等により、その宅地等のうちその譲渡の対価の額を充てて取得した部分が特定されているときは、その宅地等のうち特定された部分が買換資産に該当することになります。この場合、その譲渡の対

106　第Ⅲ章　贈与税の納税猶予の適用から免除

価の額を充てて取得した宅地等の部分の面積については、次の算式によります。

（算式）

$$A \times \frac{C}{B}$$

（注）　上記算式中の符号は次のとおり。

A＝取得した宅地等の面積

B＝取得した宅地等の取得価額

C＝譲渡をした特例受贈事業用資産の対価の額

（措通70の6の8-42）

5 譲渡の対価の全部または一部が買換資産の取得に充てられていない場合

譲渡があった日から1年を経過する日において買換資産の取得に充てられなかった場合には、納税猶予の期限が確定するが、特例事業受贈者の事業の用に供されなくなったものとみなされる買換承認に係る特例受贈事業用資産の部分は次の算式により計算します。

（算式）

$$A \times \frac{B-C}{B}$$

（注） 1　上記算式中の符号は次のとおり。

　　　A＝買換承認に係る特例受贈事業用資産の措置法第70条の6の8第1項の規定の適用に係る贈与の時における価額

　　　B＝買換承認に係る特例受贈事業用資産の譲渡の対価の額

　　　C＝買換資産の取得価額

2　措置法第70条の6の8第18項の規定の適用を受けた場合における上記Aの「贈与の時における価額」は、同項に規定する認可決定日における価額となることに留意する。

3　上記Bの「譲渡の対価の額」及びCの「取得価額」については、70の6の8-39及び41の取扱いに留意する。

（措通70の6の8-44）

108　第Ⅲ章　贈与税の納税猶予の適用から免除

23 事業継続が困難な事由が生じた場合の納税猶予税額の免除

Q 一定の事業継続が困難な事由が生じた場合に、特例事業用資産の全部を譲渡するなどの条件を満たせば納税猶予税額が免除されることもあると聞きました。その条件と免除の内容を教えてください。

A

1 事業継続困難事由発生の納税猶予税額の免除

次のような事業継続が困難な一定の事由が生じた場合には、特例事業用資産等の全部の譲渡等をしたときには、その対価の額を基に贈与税額等を再計算し、再計算した税額と過去5年間の必要経費不算入対価等の合計額が当初の納税猶予税額を下回る場合には、その差額が免除されます。もちろん再計算した税額は納付しなければなりません。贈与税の納税猶予適用中及び相続税の納税猶予適用中のいずれにおいてもこの取り扱いがあります。

23 事業継続が困難な事由が生じた場合の納税猶予税額の免除 109

図表Ⅲ－5　事業継続困難事由発生の場合の免除

事業の継続が困難な一定の事由が生じた場合[※1]に、特例事業用資産等の全部の譲渡等をしたとき又はその事業を廃止したときには、その<u>対価の額</u>（譲渡等の時の相続税評価額の50％に相当する金額が下限になります。）<u>を基に贈与（相続）税額等を再計算</u>し、<u>再計算した税額と過去5年間の必要経費不算入対価等の合計額が当初の納税猶予税額を下回る場合には、その差額は免除</u>されます（再計算した税額は納付）。

※1　特例事業用資産等に係る事業について、①直前3年中2年以上その事業に係る事業所得の金額が0未満の場合、②直前3年中2年以上その事業に係る総収入金額が前年を下回る場合、③後継者が心身の故障等によりその事業に従事できなくなった場合。

※2　「必要経費不算入対価等」とは、後継者の親族など、特別関係者が当該事業に従事したことその他の事由により後継者から支払を受けた対価又は給与であって、所得税法第56条又は第57条の規定により、その事業に係る事業所得の金額の計算上必要経費に算入されるもの以外のものをいいます。

（出典）　国税庁 HP「個人版事業承継税制のあらまし」

2 譲渡時の相続税評価額の50%を下限

事業廃止の場合にはその時点の相続税評価額で計算されますが、事業譲渡の場合は譲渡対価で計算し、その時点の相続税評価額の50%が下限となります。また、必要経費不算入対価等は税額に加算しなければなりません。必要経費不算入対価等とは、後継者の親族など、特別関係者がその事業に従事したことその他の事由により後継者から支払いを受けた対価又は給与であって、所得税法第56条（事業から対価を受ける親族がある場合の必要経費の特例）又は第57条（事業に専従する親族がある場合の必要経費の特例等）の規定により、その事業に係る事業所得の金額の計算上必要経費に算入されるもの以外のものをいいます。

3 事業継続が困難な一定の事由

一定の事由とは特例事業用資産等に係る事業について、次の事由が生じた場合をいいます。

(1) 直前3年中2年以上その事業に係る事業所得の金額が0未満の場合

(2) 直前3年中2年以上その事業に係る総収入金額が前年を下回る場合

(3) 後継者が心身の故障等によりその事業に従事できなくなった場合

心身の故障等によりその事業に従事できなくなる場合とは身体障害者1級の交付を受けるなど次の表の認定を受けた場合などをいいます。

図表Ⅲ－6　事業に従事できなくなる場合

認定継続の場合

以下の場合は認定継続	
精神障害者保健福祉手帳	1級に限る
身体障害者手帳	1級又は2級
要介護認定	要介護5の認定
上記に類すると認められること	

（出典）「Q&A 特例事業承継税制徹底活用マニュアル」（ぎょうせい）

4　民事再生計画の認可決定などの減免制度

　民事再生計画の認可決定があった場合などの場合には、その時点における特例事業用資産等の価額で贈与（相続）税額を再計算し、再計算後の納税猶予税額で納税猶予を継続することができる場合があります。超える部分の猶予税額を免除する手当がされています。

24 贈与者が贈与税申告期限までに死亡した場合の取扱い

Q　特例対象贈与をした贈与者がその特例対象贈与に係る贈与税の申告書提出期限前に、かつ、受贈者によるその申告書の提出前に死亡した場合には、受贈者は贈与税の特例事業用資産の納税猶予の申告はどうなるのでしょうか。特例事業用資産の相続税の納税猶予の適用対象となるのでしょうか。

A　特例対象贈与をした贈与者がその特例対象贈与に係る贈与税の申告書提出期限前に、かつ、受贈者によるその申告書の提出前に死亡した場合には、贈与者の死亡時期によって次のように取り扱われます。

1　贈与者が特例対象贈与をした日の属する年に死亡した場合

⑴　受贈者が暦年贈与適用である場合

　イ　受贈者が贈与者の死亡に係る相続又は遺贈により財産を取得したとき

　その特例対象贈与により取得した特定事業用資産については、相続又は遺贈により財産を取得した者が相続開始の年においてその相続に係る被相続人から受けた贈与により取得した財産の価額で相続税の課税価格に加算されるものは、贈与税の課税価格に算入されません。したがって、特定事業用資産の贈与税の特例の適用がありません。この場合、贈与者の死亡に係る相続税については、その特定事業用資産は、受贈者が贈与者から相続又は遺贈により取得したものとみなされるため、特定事業用資産の相続税の納税猶予適用の要件を満たしている場合には、特例事業用資産に係る相続税の納税猶予の適用を受けることができます。

ロ　受贈者が贈与者の死亡に係る相続又は遺贈により財産を取得しな
かったとき

受贈者が、その特例対象贈与により取得をした特定事業用資産に
ついて、贈与税の納税猶予の適用を受ける旨の贈与税の申告書を提
出したとき（適用要件を満たしている場合に限ります。）は、その
申告書は、特定事業用資産の贈与税の納税猶予の適用のある申告書
となります。この場合、担保の提供についてはその提供を要しませ
ん。また、贈与税の免除の規定の適用にあたっては、その申告書の
提出があったときに免除の効果が生ずるものとして取り扱われます。

(2)　受贈者が贈与者に係る相続時精算課税適用者（相続時精算課税の適
用を受けようとするものを含みます。）である場合

その特例対象贈与により取得した特定事業用資産については、贈与税
の課税価格の計算の基礎に算入されますが、贈与税の申告は不要のため
贈与税の納税猶予の規定の適用はありません。この場合、贈与者の死亡
に係る相続税については、その特定事業用資産は、受贈者が贈与者から
相続又は遺贈によって取得したものとみなされることから、相続税の納
税猶予の適用要件を満たしている場合には、特例事業用資産に係る相続
税の納税猶予の規定の適用を受けることができます。

2　贈与者が特例対象贈与をした日の属する年の翌年に死亡した場合

上記1(1)ロと同様となります。

25 特例対象贈与に係る贈与者の前の贈与者が贈与税の申告期限前に死亡した場合

Q 特定事業用資産に係る贈与税の納税猶予の適用を受けようとする特例事業受贈者に係る贈与者の前の贈与者が、その特例対象贈与に係る贈与税の申告書提出期限前に、かつ、特例事業受贈者によるその申告書の提出前に死亡した場合には、受贈者は贈与税の特例事業用資産の納税猶予の申告はどうなるのでしょうか。特例事業用資産の相続税の納税猶予の適用対象となるのでしょうか。

A 特定事業用資産に係る贈与税の納税猶予の適用を受けようとする特例事業受贈者に係る贈与者の前の贈与者が、その特例対象贈与に係る贈与税の申告書提出期限前に、かつ、特例事業受贈者によるその申告書の提出前に死亡した場合における特例事業用資産の贈与税の納税猶予の適用については、その特例事業受贈者が、その特例対象贈与により取得した特定事業用資産についての贈与税の納税猶予の適用を受ける旨の申告書を提出したときは、その申告書は、特例事業用資産に係る贈与税の納税猶予の適用のある申告書となります。

この場合、担保の提供についてはその提供を要しません。また、贈与税の免除の規定の適用にあたっては、その申告書の提出があったときに免除の効果が生ずるものとして取り扱われます。

●「前の贈与者」

「前の贈与者」とは、次の区分に応じてそれぞれの特定事業用資産の贈与をしたものをいいます。

1 贈与者に対する特定事業用資産の贈与税の納税猶予の規定に係る贈与が、その贈与をした者のその特定申告期限の翌日から5年経過後に

おいて次の特例事業受贈者に対して特例事業用資産の全てを贈与（免除贈与といいます。）した場合……特定事業用資産の免除贈与をした者のうち最初に贈与税の納税猶予の適用を受けたもの

2　1以外の者……贈与者

26 特例受贈事業用資産の贈与に係る贈与税について修正申告等があった場合

> **Q** 特例受贈事業用資産の贈与に係る贈与税について、期限後申告、修正申告、更正があった場合にはどうなるのでしょうか。

A 個人事業用資産の贈与税の納税猶予及び免除の規定は、特例受贈事業用資産の贈与に係る贈与税についての期限後申告、修正申告又は更正に係る贈与税額については適用がありません。

ただし、修正申告又は更正があった場合で、その修正申告又は更正が期限内申告において個人事業用資産の贈与税の納税猶予及び免除の規定の適用を受けた特例受贈事業用資産の評価又は税額計算の誤りのみに基づいてされるときにおけるその修正申告又は更正により納付すべき贈与税額（付帯税を除く。）については、当初から個人事業用資産の贈与税の納税猶予及び免除の規定の適用があることとされます。

この場合の修正申告又は更正により納税猶予を受ける贈与税の本税の額とその本税に係る利子税の額に相当する額の担保については、その修正申告書の提出の日又はその更正に係る通知書が発せられた日の翌日から起算して１月を経過する日までに提供しなければならないこととされています。

●「担保における利子税の計算」

「納税猶予分の贈与税額に相当する担保」とは、納税猶予に係る贈与税の本税の額とその本税に係る納税猶予期間中の利子税の額との合計額に相当する担保をいいます。この納税猶予期間中の利子税の額は、贈与税の申告書の提出期限における贈与者の平均余命年数を納税猶予期間として計算した額によります。

118　第Ⅲ章　贈与税の納税猶予の適用から免除

第 IV 章
相続税の納税猶予の適用から免除

27 特定事業用資産の相続税の納税猶予・免除の適用要件

Q 特定事業用資産の相続税の納税猶予・免除の適用を受けるための主な要件について教えてください。

A 先代事業者等の被相続人等、後継者である特例事業相続人等その他に定められた要件があり、これらを満たしていなければ特定事業用資産の相続税の納税猶予・免除の規定を適用することができません。

1 特定事業用資産の贈与税の納税猶予・免除の概要

後継者である相続人等が、平成31年1月1日から令和10年12月31日までの間に、相続等により特定事業用資産の全てを取得し、事業を継続していく場合には、担保の提供を条件に、その特例事業相続人等が納付すべき相続税額のうち、相続等により取得した特定事業用資産の課税価格に対応する相続税の納税が猶予されます。

2 先代事業者等である被相続人の要件

死亡した先代事業者からの特定事業用資産の取得に係る相続税の納税猶予だけではなく、先代事業者が贈与した日又は相続を開始した日の翌日から1年以内に先代事業者以外の者が死亡したことによって、先代事業者の事業の用に供されていた先代事業者以外の者が保有していた特定事業用資産についても相続税の納税猶予の適用対象となります。そのため次の(2)の規定が設けられています。

⑴ 被相続人が先代事業者である場合

その事業について、その相続開始の日の属する年、その前年、その前々年の確定申告書を65万円青色申告特別控除の適用を受けて提出していること

120　第Ⅳ章　相続税の納税猶予の適用から免除

⑵　被相続人が先代事業者以外である場合…次の全てを満たす者

　①　先代事業者の相続開始又は贈与の直前において先代事業者と生計を一にする親族であること

　②　先代事業者からの贈与又は相続後に開始した相続に係る被相続人であること

3　被相続人の事業の用に供されていた資産の判定

　特例事業用資産が被相続人の事業の用に供されていた資産に該当するかどうかは、その資産が被相続人の相続開始の直前において現実に事業の用に供されていたかどうかで判定します。災害、疾病等のため、その相続の開始の直前において一時的にその事業の用に供されていないものも適用対象となります。

4　特例事業相続人等（措法70の6の10②二）

⑴　中小企業経営承継円滑化法の中小企業であって円滑化法認定を受けていること

⑵　相続開始の直前においてその特定事業用資産に係る事業（駐車場業及び自転車駐車場業を含む）に従事していたこと（被相続人が60歳未満で死亡した場合には不要）

⑶　相続開始の時から相続税の申告期限までの間にその特定事業用資産に係る事業を引き継ぎ、その申告期限まで引き続きその特定事業用資産のすべてを有し、かつ、自己の事業の用に供していること

　税法の規定では「相続税の申告期限までの間に」となっていますが、都道府県知事の認定申請を相続開始の日の翌日から5か月を経過する日から8か月を経過する日までに行う必要があり、その際には「その相続等によりその事業に係る特定事業用資産の全てを取得していること」が必要です。

⑷　相続税の申告期限において、その特定事業用資産に係る事業について開業届を提出し、青色申告の承認を受けていること又は受ける見込

みであること

⑸　相続開始の時において、その特定事業用資産に係る事業が資産保有型事業、資産運用型事業及び性風俗関連特殊営業のいずれにも該当しないこと

⑹　先代事業者から相続等により財産を取得した者が、特定事業用宅地等の小規模宅地等の軽減特例の適用を受けていないこと

「先代事業者から相続等により財産を取得した者」は、特例事業相続人はもちろんのこと、それ以外の財産取得者全員をいいますので注意が必要です。

⑺　中小企業経営承継円滑化法の個人事業承継計画の確認を受けていること

5　認定の申請期限・有効期限

⑴　認定の申請期限

都道府県知事の認定申請期限は「被相続人の相続開始の日の翌日から8月を経過する日」です。

⑵　認定の有効期限

認定の有効期限は「経営承継円滑化法第12条第1項の認定を受けた日の翌日から2年を経過する日」です。なお、本制度においては非上場株式等の相続税・贈与税の納税猶予制度に設けられている最初の5年間の都道府県への毎年の年次報告の提出は要しないこととされています。

6　債務・葬式費用がある場合の取扱い

相続税の納税猶予税額を計算する際には、後継者が特定事業用資産とともに引き受けた債務や葬式費用がある場合には、特定事業用資産の額からその債務及び葬式費用の金額を控除して特定事業用資産の額とし、特定事業用資産に対応する相続税額を計算して、その相続税額が納税猶予税額となります。ただし、控除する債務からは事業に関するもの以外の債務であることが明らかのものを除きます。

```
┌─────────────────────────────────────────────────────────────┐
│ 特定事業用資産の価額 －  事業用債務の額（明らかに事業用でない │
│                                          債務の額を除く）    │
└─────────────────────────────────────────────────────────────┘
                              ‖
                  ┌─────────────────────┐
                  │   猶予税額計算の基礎   │
                  └─────────────────────┘
```

7　事業用の債務と明らかに事業用でない債務の額

　特例相続等事業用資産に係る事業に関するものと認められる債務のほか、その事業に関するものと認められるもの以外の債務であることが金銭の貸付けに係る消費貸借に関する契約書その他の書面によって明らかにされない債務も含まれますので留意する必要があります。

　その事業に関するものと認められない債務は、例えば次に掲げるものが該当します。

(1)　居住の用に供する家屋及びその敷地を取得するための資金に充てるための借入金

(2)　教育に要する資金に充てるための借入金

(3)　その事業の用に供しない自動車その他の資産の取得に要する資金に充てるための借入金

8　担保提供

　納税が猶予される贈与税額及び利子税の額に見合う担保を税務署に提供する必要があります。

28 個人特定事業用資産の相続税の納税猶予税額の計算

Q 特定事業用資産の相続税の納税猶予の計算方法について教えてください。

A 被相続人が相続開始時点に所有している財産及び債務を基に計算した相続税の総額のうち、後継者が相続等によって取得した財産に対応する相続税額を計算します。次に後継者は特定事業用資産のみを取得したものと仮定して相続税の総額を計算し、特定事業用資産に対応する相続税額が納税猶予税額で最初の後継者の相続税額から猶予税額を控除した金額が相続税の納税額となります。

1 相続税の納税猶予税額の計算

　相続開始時点のすべての財産の価額の合計額に基づき相続税の総額を計算します。次に後継者が相続等によって取得した財産の総額に対応する相続税額を計算します。特定事業用資産を贈与によって取得し贈与税の納税猶予を受けていた場合には、贈与時点の特定事業用資産の価額でそれぞれを計算します。

【事例2】

・特定事業用資産の合計額（特定事業用資産に対応する
　債務引受はない。葬式費用控除済み。）　　　　　　　2億円
・後継者が取得した住宅や預貯金等のその他の資産の合計　1億円
・後継者以外の者が取得した財産の合計額　　　　　　　2億円
・配偶者はおらず後継者一人を含む子二人
・小規模宅地等の軽減特例は居住用宅地等を後継者が適用済

124　第Ⅳ章　相続税の納税猶予の適用から免除

ステップ1 相続税の総額及び特例事業相続人等の相続税額の計算

(1) 相続税の総額

{5億円−(基礎控除3,000万円＋600万円×2)}＝4億5,800万円

4億5,800万円÷2＝2億2,900万円

2億2,900万円×45％−2,700万円＝7,605万円

7,605万円×2＝1億5,210万円

(2) 特例事業相続人等の相続税額

1億5,210万円×(2億円＋1億円)÷5億円＝9,126万円

(3) もう一人の相続人の相続税額

1億5,210万円×2億円÷5億円＝6,084万円

ステップ2 特定事業用資産のみであると仮定して計算した後継者の
相続税額

(1) 相続税の総額

{2億円＋2億円−(基礎控除3,000万円＋600万円×2)}

＝3億5,800万円

3億5,800万円÷2＝1億7,900万円

1億7,900万円×40％−1,700万円＝5,460万円

5,460万円×2＝1億920万円

(2) 特例事業相続人等の相続税額（納税猶予税額）

1億920万円×2億円÷(2億円＋2億円)＝5,460万円

ステップ3 後継者の納付相続税額

9,126万円−5,460万円＝3,666万円

　この事例の場合、相続税の総額が1億5,210万円でそのうち特例事業
承継相続人等以外の者の相続税額は6,084万円となります。特例事業承
継相続人等の相続税額は9,126万円ですが、そのうち5,460万円は納税

28　個人特定事業用資産の相続税の納税猶予税額の計算　125

が猶予されますので、納付税額は3,666万円となります。結果、二人分の納付相続税額の合計額は9,750万円となります。

2　特例事業承継相続人等が１親等の直系血族等以外は２割加算

　個人版事業承継税制では、親族外の後継者に特定事業用資産等を遺贈によって取得又は贈与によって取得した後に先代事業主が死亡して相続税の課税対象となった場合に親族外承継者に相続税が課税されることとなります。この場合相続税の課税上設けられている先代事業者である被相続人の配偶者及び１親等の直系血族以外には２割加算制度が適用されます。親族外はもちろん、親族であっても先代事業者である被相続人の配偶者及び１親等の直系血族以外の者には２割加算があります。

3　２割加算の場合の相続税の納税猶予税額の計算

ステップ１　相続税の総額及び２割加算のある特例事業相続人等の相続税額の計算

　相続開始時点のすべての財産の価額の合計額に基づき相続税の総額を計算します。次に後継者が相続等によって取得した財産の総額に対応する相続税額を適用して計算します。特定事業用資産を贈与によって取得し贈与税の納税猶予を受けていた場合には、贈与時点の特定事業用資産の価額でそれぞれを計算します。親族外又は２割加算のある特例事業承継相続人等が特定事業用資産を取得した場合は、特定事業承継相続人に係る相続税額及び納税猶予税額に２割を加算して計算します。

【事例３】　後継者が甥であった場合

・特定事業用資産の合計額（特定事業資産に対応する債務及び葬式費用控除後）　　　　　　　　　　　　　　　　　　　２億円
・後継者が取得した特定事業用資産以外の財産　　　　　１億円

- 姪が取得した財産の合計額　　　　　　　　　　　　　　　2億円
- 法定相続人は配偶者及び子がおらず後継者である甥一人と後継者ではない姪一人
- 小規模宅地等の軽減特例は貸付事業用宅地等を姪が適用済

(1)　相続税の総額

　　{5億円－（基礎控除3,000万円＋600万円×2）} ＝ 4億5,800万円

　　4億5,800万円÷2 ＝ 2億2,900万円

　　2億2,900万円×45％ － 2,700万円 ＝ 7,605万円

　　7,605万円×2 ＝ 1億5,210万円

(2)　特例事業相続人等の相続税額（2割加算あり）

　　1億5,210万円×（2億円＋1億円）÷5億円 ＝ 9,126万円

　　9,126万円×1.2 ＝ 1億951.2万円

(3)　もう一人の相続人の相続税額（2割加算あり）

　　1億5,210万円×2億円÷5億円 ＝ 6,084万円

　　6,084万円×1.2 ＝ 7,300.8万円

ステップ2　特定事業用資産のみであると仮定して計算した後継者の相続税額

(1)　相続税の総額

　　{2億円＋2億円－（基礎控除3,000万円＋600万円×2）}

　　＝ 3億5,800万円

　　3億5,800万円÷2 ＝ 1億7,900万円

　　1億7,900万円×40％ － 1,700万円 ＝ 5,460万円

　　5,460万円×2 ＝ 1億920万円

(2)　特例事業相続人等の相続税額（2割加算あり。納税猶予税額。）

　　1億920万円×2億円÷（2億円＋2億円） ＝ 5,460万円

5,460万円 × 1.2 = 6,552万円

ステップ3 後継者の納付相続税額

1億951.2万円 − 6,552万円 = 4,399.2万円

　2割加算のない特定事業相続人等と親族外後継者で2割加算のある特定事業相続人等とでは、特例適用後の金額が同じとして比較すると、相続税の総額で9,126万円が1億951.2万円に1,825.2万円増加し、猶予税額で5,460万円が6,552万円に1,092万円増加、納税額が3,666万円から4,399.2万円に733.2万円増加している。

図表Ⅳ-1 納税が猶予される相続税などの計算方法

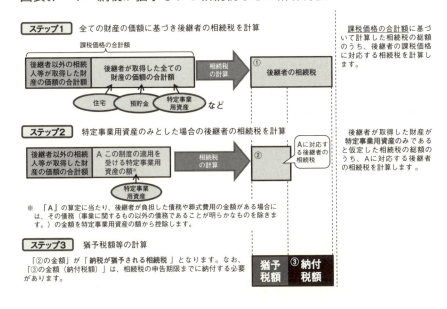

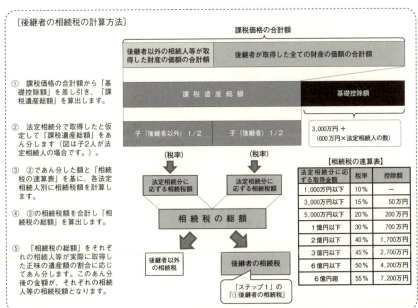

（出典）国税庁HP「個人版事業承継税制のあらまし」

28 個人特定事業用資産の相続税の納税猶予税額の計算 129

29 相続税の納税猶予税額の免除、期限確定事由と納付

Q 相続税の納税猶予適用中に事業廃止などで猶予税額の全部又は一部と利子税の納付が必要になるそうですが、どのような場合にそうなるのでしょうか。また、免除になるのはどのような場合でしょうか。

A 事業廃止、資産管理事業又は性風俗関連特殊事業に該当した場合などに納税猶予の期限が確定し、猶予税額の全部又は一部とこれに対応する利子税の納付が必要となります。特例事業相続人等が死亡した場合などに免除されます。

1 特例事業用資産の継続保有と継続届出書の提出

相続税の納税猶予適用開始後も引き続き特例事業用受贈資産を保有し、3年ごとに税務署に継続届出書に一定の書類を添付して提出することによって納税猶予が継続されます。なお、継続届出書の提出がない場合には、猶予相続税額の全額と利子税の納付が必要になります。

2 相続税の全額と利子税の納付が必要となる場合

次の事由が生じた場合には、相続税の全額と利子税の納付が必要となります。

(1) 事業を廃止した場合（やむを得ない事由がある場合や破産手続き開始があった場合を除きます。やむを得ない事由はQ21と同様。）

(2) 資産管理事業又は性風俗関連特殊営業に該当した場合

(3) 特例事業用資産に係る事業について、その年のその事業に係る事業所得の総収入金額がゼロとなった場合

(4) 青色申告の承認が取り消された場合

(5) 青色申告の承認申請が却下された場合

130 第Ⅳ章 相続税の納税猶予の適用から免除

上記(1)の「事業を廃止した場合」とは、特例受贈事業資産に係る事業の全てを廃止した場合をいい、次に掲げる場合は、「事業を廃止した場合」に該当しません。これらの場合に、特例事業受贈者の事業の用に供されなくなった特例相続等事業用資産がある場合には、その特例相続等事業用資産に係る猶予中贈与税額に相当する相続税については、納税猶予の期限が確定することとなります。

① 特例相続等事業用資産に係る事業が2以上ある場合において、そのうち一部の事業を廃止したとき

② 特例相続等事業用資産に係る事業を他の事業に転業した場合

③ 災害、疾病のためやむを得ず一時的にその事業を休止した場合

3 相続税の一部と利子税の納付が必要となる場合

特例事業用資産が事業の用に供されなくなった場合には、納税が猶予されている相続税のうち、その事業の用に供されなくなった部分に対応する相続税と利子税を合わせて納付しなければなりません。もちろん事業の用に供されなくなった部分以外の部分に対応する相続税については引き続き納税が猶予されます。

ただし、次の場合には納税猶予は継続されます。

(1) 特例事業用資産を陳腐化等の事由により廃棄した場合において、税務署にその旨の書類等を提出したとき

(2) 特例事業用資産を譲渡した場合において、その譲渡があった日から1年以内にその対価により新たな事業用資産を取得する見込みであることについて税務署長の承認を受けたとき（取得に充てられた対価に相当する部分に限ります。）

(3) 特定申告期限※の翌日から5年を経過する日後の会社の設立に伴う現物出資により、全ての特例事業用資産を移転した場合において、その移転につき税務署長の承認を受けたとき。

※特定申告期限……後継者の最初のその制度の適用に係る相続税の申告期

29 相続税の納税猶予税額の免除、期限確定事由と納付 131

限又は最初の「個人事業用資産についての贈与税の納税猶予及び免除」の適用に係る贈与税の申告期限のいずれか早い日をいいます。

4　相続税の猶予税額の免除

特例事業相続人等に死亡等の次の事由があった場合には、「免除届出書」・「免除申請書」を提出することにより、その死亡等があったときにおいて納税が猶予されている相続税の全部または一部についてその納付が免除されます。

★猶予される相続税の納付が免除される事由

(1)　特例事業相続人等が死亡した場合

(2)　特定申告期限の翌日から５年を経過する日後に、特例事業用資産の全てについて「免除対象贈与」[※1]を行った場合

(3)　事業を行うことができなくなったことについてやむを得ない事由[※2]がある場合

(4)　破産手続開始の決定などがあった場合

(5)　事業の継続が困難な一定の事由が生じた場合において、特例事業用資産の全ての譲渡・事業の廃止をしたとき

　※1　免除対象贈与……この制度の適用を受けている特例事業用資産が後継者に贈与され、その後継者が「個人の事業用資産についての贈与税の納税猶予及び免除」の適用を受ける場合の贈与をいいます。

　※2　やむを得ない事由……次に掲げる事由のいずれかに該当することとなったことをいいます。

　　　①　精神保健及び精神障害者福祉に関する法律の指定を受けたことにより精神障害者保健福祉手帳（障害等級が１級）の交付を受けたこと

　　　②　身体障害福祉法の規定により身体障害者手帳（身体上の障害

等級が１級又は２級）の交付を受けたこと

③　介護保険法の規定による要介護認定（要介護状態区分が要介護５）を受けたこと

5　利子税の納付

上記２又は３により、猶予税額の全部又は一部を納付する場合には、その納付税額について相続税の法定申告期限からの利子税（年3.6％）（利子税の特例（貸出約定平均利率の年平均が0.6％の場合）を適用した場合には、0.7％）を併せて納付する必要があります。

6　経営承継円滑化法の有効期間内の取消

経営承継円滑化法の認定を受けてから２年間が認定の有効期間ですが、その有効期間内に認定取消事由に該当していることが判明すると、認定が取消されます。経営承継円滑化法の認定取消事由を表にすると次のようになります。

【経営承継円滑化法（相続等）の認定取消事由】

事由	必要な手続き	猶予されている相続税
1. 認定個人事業者（相続人又は受遺者。以下「相続人等」）が死亡した場合	随時報告	免除
2. 認定個人事業者（相続人等）が重度の障害、疾病その他のやむを得ない事情により事業を継続することができなくなった場合	随時報告	免除
3. 認定個人事業者（相続人等）について破産手続開始の決定があった場合	随時報告	免除
4. 認定に係る相続又は遺贈により取得した特定事業用資産に係る事業を廃止した場合	随時報告	納税
5. 認定に係る相続又は遺贈により取得した特定事業用資産の全てを譲渡した場合※	随時報告	納税
6. 認定に係る相続又は遺贈により取得した特定事業用資産の全てが青色申告書の貸借対照表に計上されなくなった場合	随時報告	納税
7. 認定個人事業者（相続人等）の青色申告の承認申請が却下された場合	随時報告	納税
8. 認定個人事業者（相続人等）の青色申告の承認が取り消された場合	随時報告	納税
9. 認定個人事業者（相続人等）が青色申告書の提出をやめる旨の届出書を提出した場合	随時報告	納税

10. 認定に係る相続又は遺贈により取得した特定事業用資産に係る事業が資産保有型事業に該当した場合	随時報告	納税
11. 認定に係る相続又は遺贈により取得した特定事業用資産に係る事業が資産運用型事業に該当した場合	随時報告	納税
12. 認定に係る相続又は遺贈により取得した特定事業用資産に係る事業が性風俗特殊関連営業に該当した場合	随時報告	納税
13. 認定に係る相続又は遺贈により取得した特定事業用資産に係る事業の総収入金額が零となった場合	随時報告	納税
14. 自発的な猶予の取消申請をした場合	取消申請書 (随時報告は 不要)	納税

（※）認定個人事業者（相続人等）が租税特別措置法第70条の6の10第5項の承認を受けた場合において、当該譲渡があった日から1年を経過する日までに当該承認に係る譲渡の対価の全部又は一部が当該事業の用に供される資産の取得に充てられた場合を除く。

29　相続税の納税猶予税額の免除、期限確定事由と納付　135

30 特例相続等事業用資産の買換承認

Q 　特例相続等事業用資産を譲渡した場合において、その譲渡があった日から1年以内にその対価により新たな事業用資産を取得する見込みについて税務署長の承認を受け、買換資産を取得した場合、納税猶予が継続されるそうですが、詳しく教えてください。

A 　特例相続等事業用資産を譲渡した場合において、その譲渡があった日から1年以内にその対価により新たな事業用資産を取得する見込みについて税務署長の承認を受け、買換資産を取得した場合、納税猶予が継続されます。

1　譲渡の対価の額

　買換承認に係る譲渡の対価の額は、買換承認を受けた特例事業者の次の区分に応じ、それぞれ次の価額をいいます。

(1)　その特例事業相続人等が(3)に掲げるもの以外の者である場合において税抜経理方式を適用しているとき……その特例相続等事業用資産に係る税抜価額

(2)　その特例事業相続人等が(3)に掲げるもの以外の者である場合において税込経理方式を適用しているとき……その特例相続等事業用資産に係る税込価額

(3)　その特例事業相続人等が免税事業者である場合……その特例相続等事業用資産の実際の譲渡価額

2　買換資産の取得

　特例事業相続人等の事業の用に供する買換資産の取得については、次のような留意点があります。

(1)　買換資産の取得には、購入によるほか、自己の建設、製作又は製造

136　第Ⅳ章　相続税の納税猶予の適用から免除

に係る資産の建築等による取得、自己が生育させた生物の生育による取得並びに自己が成熟させた生物の成熟による取得が含まれます。これらの建設等、生育、又は成熟は1年を経過する日までに完了している必要があります。

(2) 特例相続等事業用資産の譲渡があった日前に買換資産の取得が行われている場合においては、その取得に関する契約が譲渡に関する契約があった日以後に行われているときに限りこの取扱いの適用があります。

3　仲介料、登記費用等の費用

買換承認を受けている場合において、特例相続等事業用資産の譲渡又は買換資産の取得に要した仲介料、登記費用等の費用があるときは次によります。

(1) 特例相続等事業用資産の譲渡について仲介、登記費用等の費用を要した場合には、その譲渡の対価の額からその譲渡に要した費用の額を控除した金額をもって「譲渡の対価の額」とします。

(2) 買換資産の取得について、仲介料、登記費用等の費用を要した場合には、その費用の額は、その買換資産の取得に充てられたものとします。

4　特例相続等事業用資産とみなされる買換資産

買換承認に係る譲渡の対価の額を充てて取得した買換資産は、特例相続等事業用資産とみなされることから、その譲渡の対価の額を充てて取得した一の資産の取得価額がその譲渡の対価の額を超える場合においても、その取得をしたその一の資産が特例相続等事業用資産に該当することになります。

その譲渡の対価の額を充てて取得した資産が宅地等である場合には、その宅地等の分筆等により、その宅地等のうちその譲渡の対価の額を充てて取得した部分が特定されているときは、その宅地等のうち特定され

た部分が買換資産に該当することになります。この場合、その譲渡の対価の額を充てて取得した宅地等の部分の面積については、次の算式によります。

（算式）

$$A \times \dfrac{C}{B}$$

（注）　上記算式中の符号は次のとおり。

A＝取得した宅地等の面積

B＝取得した宅地等の取得価額

C＝譲渡をした特例相続等事業用資産の対価の額

5　譲渡の対価の全部または一部が買換資産の取得に充てられていない場合

譲渡があった日から1年を経過する日において買換資産の取得に充てられなかった場合には、納税猶予の期限が確定するが、特例事業受贈者の事業の用に供されなくなったものとみなされる買換承認に係る特例受贈事業用資産の部分は次の算式により計算します。

（算式）

$$A \times \frac{B-C}{B}$$

（注）1　上記算式中の符号は次のとおり。

A＝買換承認に係る特例事業用資産の措置法第70条の6の10
第1項の規定の適用に係る相続の開始の時における価額

B＝買換承認に係る特例事業用資産の譲渡の対価の額

C＝買換資産の取得価額

2　措置法第70条の6の10第19項の規定の適用を受けた場合に
おける上記Aの「相続の開始の時における価額」は、同項に規
定する認可決定日における価額となることに留意する。

3　上記Bの「譲渡の対価の額」及びCの「取得価額」について
は、70の6の10-34及び36の取扱いに留意する。

（措通70の6の10-39）

30　特例相続等事業用資産の買換承認　139

31 特例受贈事業用資産の相続等に係る相続税について修正申告等があった場合

> **Q** 特例受贈事業用資産の相続等に係る相続税について、期限後申告、修正申告、更正があった場合にはどうなるのでしょうか。

A 個人事業用資産の相続税の納税猶予及び免除の規定は、特例相続等事業用資産の相続等に係る相続税についての期限後申告、修正申告又は更正に係る相続税額については適用がありません。

ただし、修正申告又は更正があった場合で、その修正申告又は更正が期限内申告において個人事業用資産の相続税の納税猶予及び免除の規定の適用を受けた特例相続事業用資産の評価又は税額計算の誤りのみに基づいてされるときにおけるその修正申告又は更正により納付すべき相続税額（付帯税を除く。）については、当初から個人事業用資産の相続税の納税猶予及び免除の規定の適用があることとされます。

この場合の修正申告又は更正により納税猶予を受ける相続税の本税の額とその本税に係る利子税の額に相当する額の担保については、その修正申告書の提出の日又はその更正に係る通知書が発せられた日の翌日から起算して1月を経過する日までに提供しなければならないこととされています。

140　第Ⅳ章　相続税の納税猶予の適用から免除

（1面）

<table>
<tr><td colspan="2">（平成 31 年 1 月分以降用）「個人の事業用資産についての相続税の納税猶予及び免除」の適用
要件チェックシート</td></tr>
</table>

（はじめにお読みください。）
1　このチェックシートは、「個人の事業用資産についての相続税の納税猶予及び免除」（租税
　特別措置法第 70 条の 6 の 10）の適用を受けるための適用要件を確認する際に使用してく
　ださい。
2　「確認結果」欄の左側のみに○がある場合には、原則としてこの特例の適用を受けるこ
　とができます。
3　このチェックシートは、申告書の作成に際して、この特例の適用を受ける者ごとに適
　用要件等を確認の上、申告書に添付してご提出ください。
4　「個人の事業用資産の贈与者が死亡した場合の相続税の納税猶予及び免除」（租税特別措
　置法第 70 条の 6 の 10）の適用を受ける場合には、このチェックシートではなく、「個人の
　事業用資産の贈与者が死亡した場合の相続税の納税猶予及び免除」のチェックシートを使
　用してください。

相続人等（特例適用者）　　　　　　　　　　　　**被相続人氏名：**

住　　所

氏　　名
　　　　電話　　（　　　）

<table>
<tr><td rowspan="2">関与税理士</td><td>所在地</td><td colspan="2"></td></tr>
<tr><td>氏名</td><td></td><td>電話</td></tr>
</table>

<table>
<tr><td>項目</td><td colspan="2">確認内容（適用要件）</td><td colspan="2">確認結果</td><td>確認の基となる
資料</td></tr>
<tr><td rowspan="6">被相続人</td><td colspan="2">(1)　この特例の適用に係る相続開始の直前におい
て特定事業用資産に係る事業を行っていた者に該
当しますか。</td><td>はい</td><td></td><td>－</td></tr>
<tr><td>申告期限まで</td><td>○　その事業について、相続開始日の属
する年、その前年及びその前々年の確
定申告書を青色申告書（租税特別措置
法第 25 条の 2 第 3 項の規定の適用に係
るものに限ります。以下同じです。）に
より提出していますか。</td><td>はい</td><td>いいえ</td><td>○　確定申告書、
青色申告決算
書など</td></tr>
<tr><td colspan="2">(2)　(1)の場合以外の場合ですか。</td><td>はい</td><td></td><td>－</td></tr>
<tr><td>相続開始の直前</td><td>①　特定事業用資産に係る事業を行って
いた者に係るこの特例の適用に係る相
続開始の直前又は「個人の事業用資産
についての贈与税の納税猶予及び免除」
の適用に係る贈与の直前において、そ
の者と生計を一にする親族ですか。</td><td>はい</td><td>いいえ</td><td></td></tr>
<tr><td>相続開始の時</td><td>②　①の相続開始の時又は贈与の時後に
開始した相続に係る被相続人ですか。</td><td>はい</td><td>いいえ</td><td>○　戸籍の謄本
又は抄本など</td></tr>
</table>

31　特例受贈事業用資産の相続等に係る相続税について修正申告等があった場合　141

			はい	いいえ	
後継者（相続人等）	相続開始の直前	○ その特定事業用資産に係る事業に従事していましたか（被相続人が60歳未満で死亡した場合には、「はい」に○をしてください。）。(注1) （業務の具体的内容等） 	はい	いいえ	－
	相続開始の時	① 特定事業用資産の取得が、平成31年1月1日から令和10年12月31日までの間の相続又は遺贈（以下「相続等」といいます。）による取得で、次のいずれかの取得ですか。 イ 最初のこの特例の適用に係る相続等による取得 ロ イの取得の日から1年を経過する日までの相続等による取得（注2）	はい	いいえ	○ 戸籍の謄本又は抄本など
		② 被相続人から特定事業用資産の全てを取得していますか。	はい	いいえ	○ 青色申告決算書、相続税の申告書第8の6表の付表1など
		③ その事業が、資産保有型事業、資産運用型事業及び性風俗関連特殊営業のいずれにも該当していませんか。(注3)	はい	いいえ	○ 認定書の写しなど
	相続開始の時から申告期限まで	○ 特定事業用資産に係る事業を引き継ぎ、引き続きその特定事業用資産の全てを有し、かつ、自己の事業の用に供していますか。	はい	いいえ	○ 登記事項証明書、青色申告決算書など

142　第Ⅳ章　相続税の納税猶予の適用から免除

（2面）

項目		確認内容（適用要件）	確認結果		確認の基となる資料
後継者（相続人等）	申告期限まで	① 都道府県知事の円滑化法の認定を受けていますか。(注4)	はい	いいえ	○ 認定書の写し
		② 中小事業者ですか	はい	いいえ	○ 認定書の写し
		③ その事業について開業の届出書を提出していますか。	はい	いいえ	○ 開業の届出書
		④ その事業について青色申告の承認を受けている又は承認を受ける見込みですか。(注5)	はい	いいえ	○ 青色申告承認申請書
		⑤ 被相続人から相続等により財産を取得した者が、租税特別措置法第69条の4第3項第1号に規定する特定事業用宅地等について同条第1項の規定の適用を受けていませんか。	はい	いいえ	○ 相続税の申告書第11・11の2表の付表1など
		⑥ 円滑化省令第17条第1項の確認（同項第3号に係るものに限り、円滑化省令第18条第7項の規定による変更の確認を受けたときは、その変更後のもの）を受けていますか。(注4)	はい	いいえ	○ 確認書の写し
特定事業用資産	相続開始の直前　共通	① 次の区分に応じ、それぞれの日の属する年の前年分の事業所得に係る青色申告書の貸借対照表に計上されている資産ですか。 イ 被相続人が1面の(1)に該当する場合 　その被相続人の相続開始の日 ロ 被相続人が1面の(2)に該当する場合 　特定事業用資産に係る事業を行っていた者に係る この特例の適用に係る相続開始の日又は「個人の事業用資産についての贈与税の納税猶予及び免除」の適用に係る贈与の日	はい	いいえ	○ 青色申告決算書
		② 特定事業用資産に係る事業は、不動産貸付業、駐車場業及び自転車駐車場業に該当しませんか。	はい	いいえ	○ 青色申告決算書

31 特例受贈事業用資産の相続等に係る相続税について修正申告等があった場合　143

特定事業用資産	相続開始の直前	宅地等	① 土地又は土地の上に存する権利で、一定の建物又は構築物の敷地の用に供されていますか。(注6)	はい	いいえ	○ 青色申告決算書、登記事項証明書など
			② 被相続人の事業の用に供されていた宅地等のうち棚卸資産に該当しない宅地等ですか。(注7)	はい	いいえ	○ 青色申告決算書、登記事項証明書など
		建物	○ 被相続人の事業の用に供されていた建物のうち棚卸資産に該当しない建物ですか。(注7)	はい	いいえ	○ 青色申告決算書、登記事項証明書など
		減価償却資産	○ 固定資産税の課税対象とされる資産など、租税特別措置法第70条の6の8第2項第1号ハに定める一定の減価償却資産に該当しますか。(注8)	はい	いいえ	○ 固定資産税の通知書の写しなど

(注) 1 「特定事業用資産に係る事業」には、その事業と同種又は類似の事業に係る業務や、その事業に必要な知識及び技能を習得するための高等学校、大学、高等専門学校その他の教育機関における修学を含みます。また、「業務の具体的内容等」の記載に当たっては、具体的に従事した期間、事業内容等を記載します。

2 「イの取得の日」は、後継者が、その事業に係る特定事業用資産について、最初に「個人の事業用資産についての贈与税の納税猶予及び免除」の適用を受けている場合には、その適用に係る贈与による取得の日となります。

3 「資産保有型事業」とは、租税特別措置法第70条の6の10第2項第4号において準用する同法第70条の6の8第2項第4号に規定する事業をいい、「資産運用型事業」とは、同法第70条の6の10第2項第5号において準用する同法第70条の6の8第2項第5号に規定する事業をいい、「性風俗関連特殊営業」とは、風俗営業等の規制及び業務の適正化等に関する法律第2条第5項に規定する性風俗関連特殊営業をいいます。

4 「円滑化法」とは、中小企業における経営の承継の円滑化に関する法律をいいます。また、「円滑化省令」とは、中小企業における経営の承継の円滑化に関する法律施行規則をいいます。

5 所得税法第147条の規定により承認があったものとみなされる場合の承認を含みます。

6 「一定の建物又は構築物」とは、租税特別措置法施行規則第23条の8の9第2項において準用する同令第23条の8の8第1項に規定する建物又は構築物をいいます。

7 被相続人が1面の(2)の場合は、特定事業用資産に係る事業を行っていた被相続人又は贈与者をいいます。また、事業の用以外の用に供されていた部分があるときは、事業の用に供されていた部分に限ります。

8 特定事業用資産の対象となる一定の減価償却資産には、固定資産税の課税対象とされているもの、自動車税又は軽自動車税において営業用の標準税率が適用されるもの、その他一定のもの（貨物運送用など一定の自動車、乳牛・果樹等の生物、特許権等の無形固定資産）が該当します。

(平成31年1月分以降用)「個人の事業用資産についての相続税の納税猶予及び免除」の提出書類チェックシート	

(はじめにお読みください。)

1 　このチェックシートは、「個人の事業用資産についての相続税の納税猶予及び免除」(租税特別措置法第70条の6の10) の適用を受けるための提出書類を確認する際に使用してください。

2 　このチェックシートは、申告書の作成に際して、この特例の適用を受ける者ごとに提出書類を確認の上、申告書に添付してご提出ください。

3 　「個人の事業用資産の贈与者が死亡した場合の相続税の納税猶予及び免除」(租税特別措置法第70条の6の10) の適用を受ける場合には、このチェックシートではなく、「個人の事業用資産の贈与者が死亡した場合の相続税の納税猶予及び免除」のチェックシートを使用してください。

相続人等(特例適用者)　　　　　　　　　　被相続人氏名：

住　　所

氏　　名

　　　　　電話　　（　　　　）

関与税理士	所在地			
	氏名		電話	

(注) 担保提供書及び担保関係書類が別途必要となります。

	提出書類	チェック欄
1	**遺言書の写し又は遺産分割協議書の写し並びに相続人全員の印鑑証明書（遺産分割協議書に押印したもの）**	☐
2	円滑化省令第7条第14項の都道府県知事の**認定書**（円滑化省令第6条第16項第8号又は第10号の事由に係るものに限ります。）**の写し**及び円滑化省令第7条第11項（同条第13項において準用する場合を含みます。）の**申請書の写し**	☐
3	円滑化省令第17条第5項の都道府県知事の**確認書の写し**及び同条第4項の**申請書の写し**	☐

31　特例受贈事業用資産の相続等に係る相続税について修正申告等があった場合　　145

	特定事業用資産の区分に応じそれぞれ次に定める書類 (1) 租税特別措置法第70条の6の10第2項第1号ハに掲げる資産（地方税法第341条第4号に規定する償却資産に限ります。） 　その資産についての地方税法第393条の規定による通知に係る**通知書の写し**その他の書類（同法第341条第14号に規定する償却資産課税台帳に登録をされている次に掲げる事項が記載されたものに限ります。） 　イ　当該資産の所有者の住所及び氏名 　ロ　当該資産の所在、種類、数量及び価格	☐
4	(2) 租税特別措置法第70条の6の10第2項第1号ハに定める資産（自動車に限ります。）並びに租税特別措置法施行規則第23条の8の8第2項第2号及び第3号に掲げる資産　道路運送車両法第58条第1項の規定により交付を受けた**自動車検査証**（相続の開始の日において効力を有するものに限ります。）**の写し**又は地方税法第20条の10の規定により交付を受けたこれらの資産に係る同条の**証明書の写し**その他の書類でこれらの資産が自動車税及び軽自動車税において営業用の標準税率が適用されていること又は租税特別措置法施行規則第23条の8の8第2項第2号若しくは第3号に掲げる資産に該当することを明らかにするもの	☐
	(3) 租税特別措置法施行規則第23条の8の8第2項第1号に掲げる資産（所得税法施行令第6条第9号ロ及びハに掲げる資産に限ります。） 　当該資産が所在する敷地が耕作の用に供されていることを証する書類	☐
5	被相続人が60歳以上で死亡した場合には、後継者が相続開始の直前において特定事業用資産に係る租税特別措置法第70条の6の10第2項第2号ロに規定する事業に従事していた旨及びその事実の詳細を記載した書類 　※　「個人の事業用資産についての相続税の納税猶予及び免除」の適用要件チェックシートに当該事項について記載してください。	☐

（出典）　国税庁 HP

第V章

贈与税の納税猶予から相続税の納税猶予への切替確認

32 贈与者が死亡した場合の切替確認

Q 特定事業用資産を贈与した贈与者が死亡した場合にはどのように取り扱われるのでしょうか。

A 贈与認定個人事業者に特定事業用資産を贈与した贈与者が死亡した場合には、贈与税の納税猶予税額が免除となったうえで、贈与認定個人事業者が相続又は遺贈により特例事業用資産を取得したものとみなされます。贈与者であった被相続人の相続開始時点の相続税の課税価格に贈与時点の特例受贈事業用資産の評価額を加算して相続税が課税され、特例事業用資産に対応する相続税につき相続税の納税猶予制度の適用を受けることができます。

1 都道府県知事の切替確認

相続又は遺贈により特例事業用資産を取得したものとみなされて課税される相続税について、相続税の納税猶予の適用を受ける前提として都道府県知事の切替確認を受ける必要があります。

2 切替確認の適用要件

贈与税から相続税の納税猶予制度への切替確認を受けるには、以下の要件を満たす必要があります。

(1) 当該相続の開始の時において、その認定に係る贈与により取得した特定事業用資産に係る事業が資産保有型事業に該当しないこと。

(2) 当該相続の開始の日の属する年の前年において、その認定に係る贈与により取得した特定事業用資産に係る事業が資産運用型事業に該当しないこと。

(3) 当該相続の開始の時において、その認定に係る贈与により取得した特定事業用資産に係る事業が性風俗関連特殊営業に該当しないこと。

(4) 当該相続の開始の日の属する年の前年において、その認定に係る贈

与により取得した特定事業用資産に係る事業の総収入金額が零を超えること。

(5) 当該相続の開始の時において、贈与認定個人事業者等が青色申告の承認を受けていること又は受ける見込みであること。

3 個人事業を法人成りした場合の切替確認

後継者が特定申告期限の翌日から5年を経過する日後に、会社の設立に伴う現物出資により全ての特例受贈事業用資産を移転し、その移転につき規定する税務署長の承認を受けた場合において、その贈与をした贈与者の相続が開始したときは、当該現物出資に係る会社が、切替確認を受けることができます。

4 法人成り後、切替確認を受けるための要件

法人成り後、贈与税から相続税の納税猶予制度への切替確認を受けるには、以下の要件を満たす必要があります。

(1) 移転につき規定する税務署長の承認を受けていること

(2) 当該相続の開始の日の属する事業年度の直前の事業年度において、当該会社の総収入金額が零を超えること

(3) 当該相続の開始の時において、当該会社が資産保有型会社に該当しないこと

(4) 当該相続の開始の日の属する事業年度の直前の事業年度において、当該会社が資産運用型会社に該当しないこと

(5) 当該相続の開始の時において、当該会社が性風俗営業会社に該当しないこと

(6) 当該相続の開始の日の属する事業年度の直前の事業年度において、当該会社の総収入金額が零を超えること

図表　切替確認の受ける場合

【切替確認を受けるための要件】
　贈与者の相続が開始した場合で切替確認を受けるときは、当該贈与者の相続の開始の日の翌日から8月を経過する日までに、「様式第17の2」による申請書に一定の書類を添付して都道府県知事に報告をする必要があります。

切替確認時の要件	
資産保有型事業に該当しないこと	○
資産運用型事業に該当しないこと	○
総収入金額が零を超えていること	○
性風俗関連特殊営業に該当しないこと	○
青色申告の承認を受けていること又は受ける見込みであること	○

○：要件を満たす必要があります　　－：要件を満たす必要がありません

【法人成り後、切替確認を受けるための要件】
　法人成り後、贈与者の相続が開始した場合で切替確認を受けるときは、当該贈与者の相続の開始の日の翌日から8月を経過する日までに、「様式第17の3」による申請書に一定の書類を添付して都道府県知事に報告をする必要があります。

切替確認時の要件	
租税特別措置法第70条の6の8第6項に規定する承認を受けていること	○
資産保有型会社に該当しないこと	○
資産運用型会社に該当しないこと	○
総収入金額が零を超えていること	○
性風俗営業会社に該当しないこと	○

○：要件を満たす必要があります　　－：要件を満たす必要がありません

（出典）　中小企業庁HP「個人版事業承継税制の前提となる経営承継円滑化法の認定申請マニュアル」

33 複数後継者の場合の切替確認と2代目から3代目への贈与後の切替確認

Q 後継者が複数いる場合の切替確認はどうなるのでしょうか。また、先代事業者から贈与を受けた後継者から次の後継者へ贈与をした場合の切替確認はどうなりますか。

A
1 複数の贈与認定個人事業者がいる場合

1人の先代事業者である贈与から複数の後継者に対し贈与税の納税猶予制度に係る贈与を行っている場合において、その贈与者が死亡したときの切替確認はそれぞれの後継者ごとに手続きを行う必要があります。

2 猶予継続贈与（免除対象贈与）を行った場合の取扱い

個人版事業承継税制の贈与税の納税猶予の適用を受けている後継者（2代目）が最初の贈与税の納税猶予制度に係る贈与税の申告期限の翌日から5年を経過する日後に、特例受贈事業用資産を次の後継者（3代目）に贈与し、その後継者が贈与税の納税猶予制度を受ける場合を猶予継続贈与といいます。後継者（2代目）が先代事業者（1代目）の生きているうちに、次の後継者（3代目）に猶予継続贈与を行った場合で、先代事業者（1代目）が死亡したときは、3代目が相続又は遺贈により先代事業者（1代目）から取得したものとみなして相続税を計算するため、3代目が切替確認の手続きを行う必要があります。

3 同一生計親族等からの贈与について切替確認を受ける場合

第二種贈与として同一生計親族等から特定事業用資産の贈与を受け、贈与税の納税猶予の適用を受けている後継者について、その同一生計親族等の相続が開始した場合であって、切替確認を受けるときは、当該同一生計親族等の相続の開始の日の翌日から8月を経過する日までに、切替

確認申請書に一定の書類を添付して都道府県知事に報告をする必要があります。

図表　同一生計親族等からの贈与について切替確認を受ける場合

　第二種贈与として同一生計親族等から特定事業用資産の贈与を受け、贈与税の納税猶予の適用を受けている後継者について、当該同一生計親族等の相続が開始した場合であって、切替確認を受けるときは、当該同一生計親族等の相続の開始の日の翌日から8月を経過する日までに、「様式第17の2」による申請書に一定の書類を添付して都道府県知事に報告をする必要があります。

切替確認時の要件	
資産保有型事業に該当しないこと	○
資産運用型事業に該当しないこと	○
総収入金額が零を超えていること	○
性風俗関連特殊営業に該当しないこと	○
青色申告の承認を受けていること又は受ける見込みであること	○

○:要件を満たす必要があります　　－:要件を満たす必要がありません

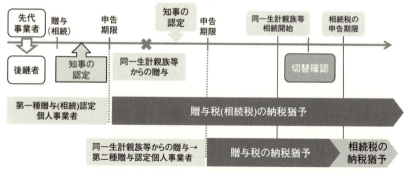

【切替確認を受けない場合】
　贈与者の相続が発生した場合で切替確認を受けないときには、相続又は遺贈により取得したとみなされた特例受贈事業用資産について、相続税の納税猶予制度の適用を受けることはできません。
　相続税の申告の要否や手続、計算方法については、最寄りの税務署や税理士等の専門家へお問い合わせ下さい。

（出典）　中小企業庁 HP「個人版事業承継税制の前提となる経営承継円滑化法の認定申請マニュアル」

34 先代事業者が死亡した場合の相続税納税猶予への切替確認書

Q 個人版事業承継税制の贈与税の納税猶予を受けていて、先代事業者が死亡した場合の都道府県知事の切替確認書はどのように作成するのでしょうか。

A 特例事業用資産の贈与税の納税猶予の適用を受けていて先代事業者が死亡した場合には、贈与認定個人事業者はまず所轄税務署に贈与税の納税猶予税額の免除申請書を提出しなければなりません。そのうえで、次の切替確認書を都道府県知事に提出して確認書の交付を受ける必要があります。切替確認申請書は次のように記載します。

1 申請者の種別について

先代事業者から特例事業用資産の贈与税の納税猶予の適用を受けていて、先代経営者が死亡した場合には第一種贈与認定個人事業者等に、先代事業者と生計を一にする親族等から特定事業用資産の贈与を受けていて、その親族が死亡した場合には第二種贈与認定個人事業者等にチェックを入れます。いずれの場合も、認定を受けた際に交付を受けている認定書の交付年月日と認定番号を記入します。

2 当該贈与認定個人事業者等について

まず氏名と住所を記入し、「先代事業者の相続の開始の直前における先代事業者との関係」の欄には、直系卑属、直系卑属以外の親族、親族外のいずれかにチェックを入れます。「主たる事業内容」「先代事業者の相続開始の日」「当該相続の開始の日の常時使用する従業員数」及び「先代事業者の相続の開始の日の翌日の属する年の前年における特定個人事業資産等に係る明細表」を記入します。

この「先代事業者の相続の開始の日の翌日の属する年の前年における

特定個人事業資産等に係る明細表」の欄は資産保有型事業又は資産運用型事業に該当しているかどうかの判定のための記載欄です。

3　やむを得ない事由により資産保有型事業又は資産運用型事業に該当した場合

　資産保有型事業又は資産運用型事業に該当しても、6か月以内にこれらに該当しないこととなれば適用を受けることができますので、そのために「該当した日」「その事由」「解消見込時期」を記載します。

切替確認申請書

様式第17の2

施行規則第13条第7項の規定による確認申請書
（切替確認書）

年　　月　　日

都道府県知事　　殿

郵 便 番 号
会 社 所 在 地
電 話 番 号
氏　　　名　　　　　　印

　中小企業における経営の承継の円滑化に関する法律施行規則第13条第6項（当該規定が準用される場合を含む。）の規定により、以下の確認を受けたいので、下記のとおり申請します。

記

1　申請者の種別について

申請者の種別	□第一種贈与認定個人事業者等	□第二種贈与認定個人事業者等
認定年月日及び番号		年　　月　　日（　　　号）

2　当該贈与認定個人事業者等について

氏名	
住所	
先代事業者の相続の開始の直前における先代事業者との関係	□直系卑属 □直系卑属以外の親族 □親族外
主たる事業内容	
先代事業者の相続の開始の日	年　　月　　日
当該相続の開始の日の常時使用する従業員数	人

34　先代事業者が死亡した場合の相続税納税猶予への切替確認書　155

先代事業者の相続の開始の日の翌日の属する年の前年における特定個人事業資産等に係る明細表

種別		内容	利用状況	帳簿価額	運用収入
有価証券				(1) 円	(10) 円
不動産	現に自ら使用しているもの			(2) 円	(11) 円
	現に自ら使用していないもの			(3) 円	(12) 円
ゴルフ場その他の施設の利用に関する権利	販売することを目的として有するもの			(4) 円	(13) 円
	販売することを目的としないで有するもの			(5) 円	(14) 円
絵画、彫刻、工芸品その他の有形の文化的所産である動産、貴金属及び宝石	販売することを目的として有するもの			(6) 円	(15) 円
	販売することを目的としないで有するもの			(7) 円	(16) 円
現金、預貯金等	現金及び預貯金その他これらに類する資産			(8) 円	(17) 円
	贈与認定個人事業者等及び特別関係者に対する貸付金及び未収金その他これらに類する資産			(9) 円	(18) 円

特定個人事業資産の帳簿価額の合計額	(19)=(1)+(3)+(5)+(7)+(8)+(9) 円	特定個人事業資産の運用収入の合計額	(21)=(10)+(12)+(14)+(16)+(17)+(18) 円
資産の帳簿価額の総額	(20) 円	総収入金額	(22) 円
施行規則第1条第26項第3号に規定する必要経費不算入対価等		必要経費不算入となる対価又は給与	(23) 円
特定個人事業資産の帳簿価額等の合計額が資産の帳簿価額等の総額に対する割合	(24)=((19)+(23))/((20)+(23)) %	特定個人事業資産の運用収入の合計額が総収入金額に占める割合	(25)=(21)/(22) %

3 やむを得ない事由により資産保有型事業又は資産運用型事業に該当した場合

該当した日	年　　　月　　　日
その事由	
解消見込時期	年　　　月頃

（備考）
① 用紙の大きさは、日本工業規格A4とする。
② 記名押印については、署名をする場合、押印を省略することができる。
③ 本様式における第一種贈与認定個人事業者等に係る規定は、第二種贈与認定個人事業者等について準用する。なお、本様式において「贈与認定個人事業者等」とある場合は、報告者の種別に合わせてそれぞれ対応する語句に読み替えるものとする。
④ 報告書の写し及び施行規則第13条第7項各号（当該規定が準用される場合を含む。）に掲げる書類を添付する。

（記載要領）
① 単位が「％」の欄は小数点第1位までの値を記載する。
② 「先代事業者の相続の開始の日」については、贈与認定個人事業者が有する特定事業用資産を法第12条第1項の認定に係る贈与をした先代事業者のうち最も古い時期に当該贈与認定個人事業者が有する特定事業用資産を法第12条第1項の認定に係る受贈をした者に、贈与をした者の相続の開始の日を記載する。
③ 「先代事業者の相続の開始の日の翌日の属する年の直前の年末以前の1年間における特定個人事業資産等に係る明細表」については、申請者の随時報告基準日の属する年の前年における特定事業用資産の事業所得に係る青色申告書の貸借対照表に計上されている資産の金額を記載する。
④ 「特定個人事業資産等」又は「運用収入」については、該当するものが複数ある場合には同様の欄を追加して記載する。
⑤ 「施行規則第1条第26項第3号に規定する必要経費不算入対価等」については、申請者の特定事業用資産に係る事業に従事したことその他の事由により特別関係者（同条第25項に掲げる者をいう。）が当該申請者から支払いを受けた対価又は給与のうち、所得税法第56条又は第57条の規定により、申請者の事業所得の計算上損金の額に算入されるもの以外の額を記載する。
⑥ 「やむを得ない事由により資産保有型事業又は資産運用型事業に該当した場合」については、その該当した日、その理由及び解消見込時期を記載する。

（出典）中小企業庁　HP

35 納税猶予適用開始後法人成りした場合

Q 個人の事業承継の贈与税の納税猶予又は相続税の納税猶予適用開始後に事業を法人成りした場合でも、引続き納税猶予の適用を受け続けることができるそうですが、贈与を受けた後に法人成りし、贈与者が死亡したときに必要な手続きを教えてください。

A 贈与認定個人事業者等が贈与税の申告期限から5年経過後に特定事業用資産を現物出資して会社を設立した場合、または相続等認定個人事業者等が、相続税の申告期限から5年経過後に特定事業用資産を現物出資し、会社を設立した場合には、当該贈与認定事業者等又は相続認定事業者等が当該会社の株式等を保有していることその他一定の要件を満たすときには、納税猶予を継続されます。贈与税の納税猶予適用後に法人成りし、その後に贈与者が死亡した場合には、都道府県知事に切替確認書を提出し、確認書の交付を受ける必要があります。

法人成りの切替確認申請書は次のようになっています。

158 第Ⅴ章 贈与税の納税猶予から相続税の納税猶予への切替確認

様式第17の3

施行規則第13条第10項の規定による確認申請書

（法人成りをした場合における切替確認書）

年　　月　　日

都道府県知事　　殿

郵　便　番　号
会 社 所 在 地
電　話　番　号
氏　　　　　名　　　　　　　印

　中小企業における経営の承継の円滑化に関する法律施行規則第13条第9項（当該規定が準用される場合を含む。）の規定により、以下の確認を受けたいので、下記のとおり申請します。

記

1　申請者の種別について

申請者の種別	□第一種贈与認定個人事業者等	□第二種贈与認定個人事業者等
認定年月日及び番号		年　　月　　日（　　号）

2　当該贈与認定個人事業者等について

氏名	
住所	
先代事業者の相続の開始の直前における先代事業者との関係	□直系卑属 □直系卑属以外の親族 □親族外
先代事業者の相続の開始の日	年　　月　　日
租税特別措置法第70条の6の8第6項又は第70条の6の10第6項に規定する承認	□有（　　年　　月　　日承認） □無

35　納税猶予適用開始後法人成りした場合　159

3　贈与認定個人事業者等が特定事業用資産を現物出資することで設立された会社について

現物出資を行った日	年　　月　　日
主たる事業内容	
資本金の額又は出資の総額	円
当該相続の開始の日の常時使用する従業員数	人

先代事業者の相続の開始の日の翌日の属する事業年度の直前の事業年度（　年　月　日から　年　月　日まで）における特定資産等に係る明細表

種別		内容	利用状況	帳簿価額	運用収入
有価証券	特別子会社の株式又は持分（(*1)を除く。）			(1)　　　　円	(12)　　　　円
	資産保有型子会社又は資産運用型子会社に該当する特別子会社の株式又は持分(*1)			(2)　　　　円	(13)　　　　円
	特別子会社の株式又は持分以外のもの			(3)　　　　円	(14)　　　　円
不動産	現に自ら使用しているもの			(4)　　　　円	(15)　　　　円
	現に自ら使用していないもの			(5)　　　　円	(16)　　　　円
ゴルフ場その他の施設の利用に関する権利	事業の用に供することを目的として有するもの			(6)　　　　円	(17)　　　　円
	事業の用に供することを目的としないで有するもの			(7)　　　　円	(18)　　　　円
絵画、彫刻、工芸品その他の有形の文化的所産である動産、貴金属及び宝石	事業の用に供することを目的として有するもの			(8)　　　　円	(19)　　　　円
	事業の用に供することを目的としないで有するもの			(9)　　　　円	(20)　　　　円
現金、預貯金等	現金及び預貯金その他これらに類する資産			(10)　　　　円	(21)　　　　円
	当該贈与認定個人事業者等及び当該贈与認定個人事業者等に係る特別関係者（施行規則第1条第25項に掲げる者をいう。）に対する貸付金及び未収金その他これらに類する資産			(11)　　　　円	(22)　　　　円

特定資産の帳簿価額の合計額	(23)=(2)+(3)+(5)+(7)+(9)+(10)+(11) 円	特定資産の運用収入の合計額	(28)=(13)+(14)+(16)+(18)+(20)+(21)+(22) 円
資産の帳簿価額の総額	(24) 円	総収入金額	(29) 円
先代事業者の相続の開始の日の翌日の属する事業年度の直前の事業年度終了の日以前の5年間に当該認定個人事業者等及び当該認定個人事業者等に係る特別関係者に対して当該会社から支払われた剰余金の配当等及び損金不算入となる給与の金額		剰余金の配当等	(25) 円
		損金不算入となる給与	(26) 円
特定資産の帳簿価額等の合計額が資産の帳簿価額等の総額に対する割合	(27)=((23)+(25)+(26))/((24)+(25)+(26)) %	特定資産の運用収入の合計額が総収入金額に占める割合	(30)=(28)/(29) %
総収入金額（営業外収益及び特別利益を除く。）			円

4 やむを得ない事由により資産保有型事業又は資産運用型会社に該当した場合

該当した日	年　　月　　日
その事由	
解消見込時期	年　　月頃

5　相続の開始の時における特別子会社について

区分			特定特別子会社に　該当 ／ 非該当
会社名			
会社所在地			
主たる事業内容			
総株主等議決権数		(a)	個
株主又は社員	氏名（会社名）	住所（会社所在地）	保有議決権数及びその割合
			(b) 個 (b)/(a) %

（備考）

① 用紙の大きさは、日本工業規格A4とする。

② 記名押印については、署名をする場合、押印を省略することができる。

③ 本様式における第一種贈与認定個人事業者等に係る規定は、第二種贈与認定個人事業者等について準用する。なお、本様式において「認定個人事業者等」、「先代事業者」又は「特定事業用資産」とある場合は、報告者の種別に合わせてそれぞれ対応する語句に読み替えるものとする。

④ 報告書の写し及び施行規則第13条第10項各号（当該規定が準用される場合を含む。）に掲げる書類を添付する。

（記載要領）

① 単位が「％」の欄は小数点第1位までの値を記載する。

② 「先代事業者の相続の開始の日」については、贈与認定個人事業者等が有する特定事業用資産を法第12条第1項の認定に係る贈与をした先代事業者のうち最も古い時期に当該贈与認定個人事業者等が有する特定事業用資産を法第12条第1項の認定に係る受贈をした者に、贈与をした者の相続の開始の日を記載する。

③ 「先代事業者の相続の開始の日の翌日の属する事業年度の直前の事業年度における特定資産等に係る明細表」については、当該贈与認定個人事業者等が所有する特定事業用資産を現物出資することで設立された会社の貸借対照表に計上されている資産の金額を記載する。

④ 「特定資産等」又は「運用収入」については、該当するものが複数ある場合には同様の欄を追加して記載する。

⑤ 「損金不算入となる給与」については、法人税法第34条及び第36条の規定により申請者の各事業年度の所得の金額の計算上損金の額に算入されないこととなる給与（債務の免除による利益その他の経済的な利益を含む。）の額を記載する。（施行規則第6条第2項の規定によりそれぞれに該当しないものとみなされた場合には空欄とする。）

⑥ 「総収入金額（営業外収益及び特別利益を除く。）」については、会社計算規則（平成18年法務省令第13号）第88条第1項第4号に掲げる営業外収益及び同項第6号に掲げる特別利益を除いて記載する。

⑦ 「やむを得ない事由により資産保有型会社又は資産運用型会社に該当した場合」については、その該当した日、その理由及び解消見込時期を記載する。

（出典）中小企業庁 HP

162　第Ⅴ章　贈与税の納税猶予から相続税の納税猶予への切替確認

第 VI 章
小規模宅地等の特例の全体像

36　小規模宅地等の特例

> **Q** 相続税の申告の際に一定の宅地等には、定められた広さを限度として評価額から一定割合を減額することができる小規模宅地等の特例があるそうですが、その概要を教えてください。

A

1　特例の概要

相続税の申告において、相続等によって取得した宅地等のうち被相続人又は被相続人と生計を一にしていた被相続人の親族の事業の用又は居住の用に供されていた一定の宅地等について、一定の面積までの部分につき、その相続税の課税価格を次ページの表のように減額する特例のことを「小規模宅地等の特例」といいます。

この特例の適用を受けるためには、その土地等を取得した者が相続税の申告期限まで、その宅地等を保有し、事業の用又は居住の用に供しているなど、定められた要件を満たしていなければなりません。

2　相続等によって取得した土地等に限定

小規模宅地等の特例は相続又は遺贈によって取得した宅地に限定されています。相続開始前3年以内に贈与により取得した宅地等や相続時精算課税に係る贈与により取得した宅地等については、相続税の課税価額に算入されますが、相続等によって取得した土地等ではありませんので、この特例の適用を受けることはできません。

3　販売用土地は対象外

宅地等とは、土地又は土地の上に存する権利で、一定の建物又は構築物の敷地の用に供されているものをいいます。ただし、棚卸資産及びこれに準ずる資産に該当しないものに限られます。個人の不動産事業者が保有している土地等については小規模宅地等の特例の適用対象とはなりません。

164　第Ⅵ章　小規模宅地等の特例の全体像

4　減額割合

　小規模宅地等については、相続税の課税価格に算入すべき価額の計算上、次の表に掲げる区分ごとに一定の割合が減額されます。個人事業の用に供している土地等のうち、特定事業用宅地等についてはその評価額からその土地等の面積のうち400㎡までの部分について、その評価額の80％が減額されます。

　貸付事業に供されている土地等のうち、特定同族会社事業用宅地等については、その評価額からその土地等の面積のうち400㎡までの部分について、その評価額の80％が減額され、貸付事業用宅地等については、その評価額からその土地等の面積のうち200㎡までの部分について、その評価額の50％が減額されます。

　居住用に供されている土地等のうち、特定居住用宅地等についてはその評価額からその土地等の面積のうち330㎡までの部分について、その評価額の80％が減額されます。

図表　減額割合等

相続開始の直前における宅地等の利用区分			要件		限度面積	減額される割合
被相続人等の事業の用に供されていた宅地等	貸付事業以外の事業用の宅地等		①	特定事業用宅地等に該当する宅地等	400㎡	80％
	貸付事業用の宅地等	一定の法人に貸し付けられ、その法人の事業（貸付事業を除く）用の宅地等	②	特定同族会社事業用宅地等に該当する宅地等	400㎡	80％
			③	貸付事業用宅地等に該当する宅地等	200㎡	50％
		一定の法人に貸し付けられ、その法人の貸付事業用の宅地等	④	貸付事業用宅地等に該当する宅地等	200㎡	50％
		被相続人等の貸付事業用の宅地等	⑤	貸付事業用宅地等に該当する宅地等	200㎡	50％
被相続人等の居住の用に供されていた宅地等			⑥	特定居住用宅地等に該当する宅地等	330㎡	80％

（出典）国税庁HP「タックスアンサー相続税 No4124　2　減額される割合等」

36　小規模宅地等の特例　165

37 減額割合の調整計算

Q 　小規模宅地等の特例について特定事業用宅地等、特定居住用宅地等、特定同族会社事業用宅地等及び貸付事業用宅地等の複数の適用を受ける場合には調整計算が必要になるそうですが、その内容を教えてください。

A
1 調整計算は減額できる総額が多いほうを優先して計算
　小規模宅地等の特例を複数の特例適用宅地等で受ける場合、次のような計算式で調整計算をしますが、減額される総額が一番多くなるようにすることが節税につながります。特定事業用宅地等及び特定同族会社事業用宅地等は最大400㎡、特定居住用宅地等は最大330㎡までの面積について80％減額できます。一方、貸付事業用宅地等は最大200㎡までの面積で50％減額です。このことだけをとらえると50％減額の貸付事業用宅地等よりも80％減額を適用できる特例適用宅地等が有利に思えます。しかし、減少金額の総額が多いほうが有利ですので、1㎡当たりの評価額が高い貸付事業用宅地等で適用を受けたほうが有利な場合もありますのでご留意ください。

2 貸付事業用宅地等と他の特定宅地等がある場合
　貸付事業用宅地等と他の特定宅地等がありこれらがそれぞれの限度面積に達していない場合には、次の計算式によって限度面積の調整計算が必要となります。

$$A \times \frac{200}{330} + B \times \frac{200}{400} + C \leq 200㎡$$

A：特定居住用宅地等の面積
B：特定事業用宅地等＋特定同族会社事業用宅地等の面積
C：貸付事業用宅地等の面積

【事例計算】

【事例1】 1 ㎡当たりの相続税評価額（各種補正後）

	面積	Ⓐ	Ⓑ
特定居住用宅地等	110㎡	20万円	25万円
貸付事業用宅地等	300㎡	50万円	70万円

計算式

Ⓐのケース

(1) 調整計算をした場合

　①調整計算

　　特定居住用宅地等　　110 × 200 ÷ 330 =　66.666㎡

　　貸付事業用宅地等　　200㎡ − 66.666㎡ = 133.333㎡

　②適用面積

　　特定居住用宅地等　　　　　　　　　　　　110㎡

　　貸付事業用宅地等　　　　　　　　　　　133.333㎡

　③減額

　　特定居住用宅地等　110㎡× 20万円× 80%　　= 1,760万円

　　貸付事業用宅地等　133.333㎡× 50万円×50% = 3,333.325万円

　　合計　　　　　　　　　　　　　　　　　5,093.325万円

(2) 貸付事業用宅地等だけで適用した場合

　　貸付事業用宅地等　200㎡× 50万円× 50%　　= 5,000万円

結論　特定居住用宅地等と貸付事業用宅地等の両方で適用を
受け、調整計算をしたほうが有利

37　小規模宅地等の特例　167

Ⓑのケース

(1) 調整計算をした場合

特定居住用宅地等　110㎡×25万円×80%　　　　＝2,200万円

貸付事業用宅地等　133.333㎡×70万円×50%＝4,666.655万円

合計　　　　　　　　　　　　　　　　　6,866.655万円

(2) 貸付事業用宅地等だけで適用した場合

貸付事業用宅地等　200㎡×70万円×50%＝7,000万円

結論　　**貸付事業用宅地等のみで適用を受けたほうが有利**

　以上のように、同じ面積でも特定居住用宅地等の1㎡当たりの評価額より貸付事業用宅地等の1㎡当たりの評価額のほうが相当高い場合には、貸付事業用宅地等のみで小規模宅地等の減額の適用を受けたほうが有利になることがあります。

　都心部で貸家や駐車場を複数所有しており、被相続人が居住していた家屋とその敷地が郊外になるような場合には、それぞれの土地の相続税評価額を求め、それぞれの土地の小規模宅地等の適用限度面積1%に対応する減額金額を比較して減額金額が一番大きい宅地等から優先して適用する必要があります。

168　第Ⅵ章　小規模宅地等の特例の全体像

38 特定居住用宅地等の適用要件等

Q 被相続人等の居住の用に供されていた宅地等を相続等によって取得した場合には、330㎡までの評価額について80％減額されるそうですが、その適用を受けるための要件を教えてください。

A 特定居住用宅地等とは、相続開始の直前において被相続人等の居住の用に供されていた宅地等で、次の区分に応じ、それぞれに掲げる要件に該当する被相続人の親族が相続又は遺贈により取得した場合には、次ページ表の区分に応じ、それぞれに掲げる要件に該当する部分をいいます。それぞれの要件に該当する被相続人の親族が相続又は遺贈により取得した持分の割合に応ずる部分が減額されます。なお、その宅地等が2以上ある場合には、主としてその居住の用に供していた一の宅地等に限られます。

1 被相続人の居住の用に供されていた宅地等

① その親族が、相続開始の直前においてその宅地等の上に存する被相続人の居住の用に供されていた家屋に居住していた者で、相続開始の時から申告期限まで引き続きその宅地等を所有し、かつ、その家屋に居住していなければなりません。

② その親族（被相続人の居住の用に供されていた宅地等を取得した者に限ります。）が相続開始前3年以内に国内にあるその者又はその者の配偶者の所有する家屋（相続開始の直前において被相続人の居住の用に供されていた家屋を除きます。）に居住したことがない者であり、かつ、相続開始の時から申告期限まで引き続きその宅地等を所有していなければなりません（被相続人の配偶者又は民法第5編第2章の規定による同居の相続人（相続の放棄があった場合には、その放棄がな

38　特定居住用宅地等の適用要件等　　169

かったものとした場合における相続人）がいない場合に限ります。）。

図表　特定居住用宅地等の適用要件等

条文	相続人		適用要件等
	配偶者		無条件
措法69の4③二イ	相続税の申告期限まで継続して	保有している親族	①相続開始直前に宅地等の上の<u>一棟の建物</u>に被相続人と同居 ②申告期限までそこに居住
措法69の4③二ロ			①被相続人の配偶者又は相続開始直前において被相続人の居住の用に供されていた家屋に居住していた法定<u>相続人</u>がいないこと （相続を放棄した人を含む） ②相続開始前3年以内に日本国内にある自己又は自己の配偶者の所有する<u>家屋</u>に居住したことがないこと （相続開始直前において被相続人の居住の用に供されていた家屋を除いて判定）

170　第Ⅵ章　小規模宅地等の特例の全体像

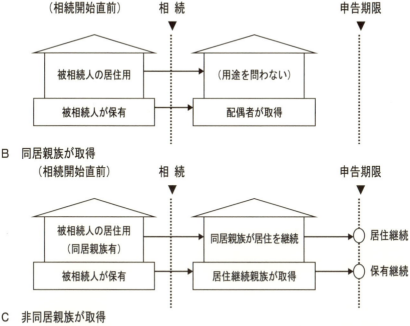

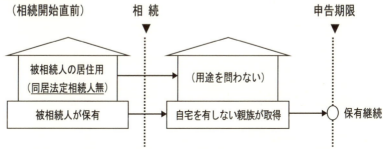

(注1) 建物 ＝ 親族保有 ＝ 被相続人と親族間の地代及び親族と被相続人間の家賃が無償である場合に限る（措通64の4-7）

38 特定居住用宅地等の適用要件等　171

2 被相続人と生計を一にする被相続人の親族の居住の用に供されていた宅地等（被相続人はその宅地等に居住していなくともよい）

その親族が、被相続人と生計を一にしていた者であって、相続開始の時から申告期限まで引き続きその宅地等を所有し、かつ、相続開始前から申告期限まで引き続きその宅地等を自己の居住の用に供していなければなりません。

A	配偶者	無条件
B	相続税の申告期限まで継続して保有	相続開始前から相続税の申告期限までその宅地等の上に存する家屋に居住していること

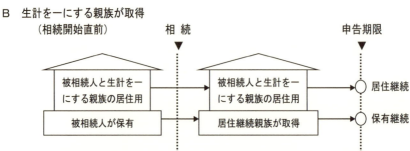

（注1） 建物 ＝ 被相続人所有 ＝ 家賃が無償である場合に限る（措通64の4-7）
　　　　建物 ＝ 親族所有 ＝ 地代が無償である場合に限る

3　二世帯住宅の場合の特定居住用宅地等

　一棟の二世帯住宅で構造上区分のあるものについて、被相続人及びその親族が各独立部分に居住していた場合には、その親族が相続又は遺贈により取得したその敷地の用に供されていた宅地等のうち、被相続人及びその親族（生計を一にしていなくてよい）が居住していた部分に対応する部分が特例の対象となります。

　また、上記の「一棟の建物」には、いわゆる分譲マンションのように区分所有され、複数の所有権の目的となっているものもありえる。しかし、例えば同じ分譲マンションの301号室に被相続人、1007号室に親族が居住していた場合には、それぞれの専有部分が別々に取引される権利であり、いわゆる「二世帯住宅」とは同視できないと考えられるため、上記の「一定の部分」については、専有部分ごとに判断することとされています。具体的には、次の部分に対応する宅地等がこの特例の対象となります。

①　被相続人の居住の用に供されていた一棟の建物が、区分所有登記された建物である場合…当該被相続人の居住の用に供されていた部分
②　①以外の建物の場合…被相続人又は当該被相続人の親族の居住の用に供されていた部分に限ります。

　なお、地代又は家賃が無償である場合に限ります。

38　特定居住用宅地等の適用要件等　　173

ケース1

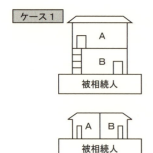

被相続人と親族は生計一ではない

建物所有者	居住者	登記	特例適用
2戸とも被相続人	A＝親族 B＝被相続人	－	A ○ B ○
A＝親族 B＝被相続人	A＝親族 B＝被相続人	共有	A ○ B ○
		区分所有	A × B △(注)

（注）各々が区分所有登記をしている二世帯住宅の場合には、被相続人の居住していた部分に限る

ケース2　分譲マンション

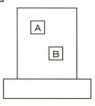

被相続人と親族は生計一ではない

建物所有者	居住者	特例適用
2戸とも被相続人	A＝親族 B＝被相続人	A × B ○
A＝親族 B＝被相続人	A＝親族 B＝被相続人	対象外 B ×

・同じ分譲マンション別々の居室にそれぞれが居住していた場合は、被相続人の居住していた部分に限る

(事例1　区分所有建物の登記がされていない1棟の建物の敷地の場合)

問　被相続人甲は、自己の所有する宅地の上に一棟の建物を所有し、甲とその配偶者乙及び生計を別にする子丙の居住の用に供していた（建物は、区分所有建物である旨の登記がなく、甲単独の名義である。）。

配偶者乙、子丙は、当該宅地の2分の1の持分を各々相続により取得し、申告期限まで引き続き所有し、かつ居住の用に供している。

甲の所有していた宅地は、特定居住用宅地等に該当するか。

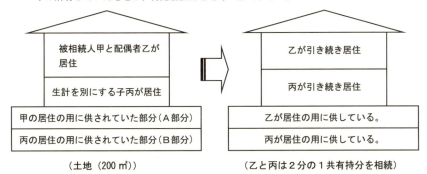

答　乙及び丙共に特定居住用宅地等として適用対象となる

(事例2　区分所有建物の登記がされている1棟の建物の敷地の場合)

問　被相続人甲は、自己の所有する宅地の上に一棟の建物を所有し、甲とその配偶者乙及び生計を別にする子丙の居住の用に供していた（建物は、区分所有建物である旨の登記があり、甲及び丙はそれぞれの専有部分について、区分所有権を登記し、居住の用に供している。）。

配偶者乙、子丙は、当該宅地の2分の1の持分を各々相続により取得し、申告期限まで引き続き所有し、かつ居住の用に供している。

甲の所有していた宅地は、特定居住用宅地等に該当するか。

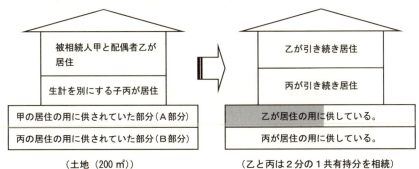

答　乙は100㎡×2分の1＝50㎡のみが特定居住用宅地等として適用対象。丙は不可

38　特定居住用宅地等の適用要件等

(事例3　区分所有建物の登記がされていない1棟の建物の敷地を措置法 69 条の4 ③
二ロの親族が取得した場合)

問　被相続人甲は、自己の所有する宅地の上に一棟の建物を所有し、甲及び生計を別にする子
乙の居住の用に供していた（建物は、区分所有建物である旨の登記がなく、甲単独で所有し
ている。)。
　相続人である子乙及び子丙は、当該宅地の2分の1の持分を各々相続により取得し、申告
期限まで引き続き所有し、かつ、当該宅地を居住の用に供している。
　なお、丙は、相続開始前3年以内に、丙又はその配偶者の所有する家屋に居住したことが
ない。
　甲の所有していた宅地は、特定居住用宅地等に該当するか。

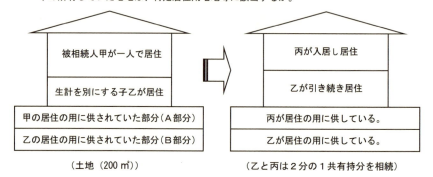

答　乙及び丙共に特定居住用宅地等として適用対象となる

ケース3　　　　　　　　被相続人と親族は生計一ではない

建物所有者	居住者	特例適用
被相続人	被相続人 親族 A	2/5　○ 3/5　貸付事業用地

オーナーマンション・ビル
| 被相続人 |
| 親族A |
| 貸家 |
| 貸家 |
| 貸店舗 |
| 被相続人 |

・この建物を区分所有登記をしていた場合はケース1
　（注）と同じ

4 老人ホームに入居していた場合

次の要件を満たせば、相続開始の直前において被相続人の居住の用に供されていなかった場合でも、相続開始の直前において被相続人の居住の用に供されていた宅地等と同様にこの特例を適用することができます。

(1) 老人ホームへ入居することとなった事由

① 介護保険法に規定する要介護認定又は要支援認定を受けていた被相続人が次に掲げる住居又は施設に入居又は入所していたこと。

　イ　老人福祉法に規定する認知症対応型老人共同生活援助事業が行われる住居（認知症高齢者グループホーム）、養護老人ホーム、特別養護老人ホーム、軽費老人ホーム又は有料老人ホーム

　ロ　介護保険法に規定する介護老人保健施設

　ハ　高齢者の居住の安定確保に関する法律に規定するサービス付き高齢者向け住宅（イの有料老人ホームを除きます。）

② 障害者の日常生活及び社会生活を総合的に支援するための法律に規定する障害支援区分の認定を受けていた被相続人が同法に規定する障害者支援施設（施設入所支援が行われるものに限る。）又は共同生活援助を行う住居に入所又は入居していたこと。

(2) 従前居住していた家屋の状況

上記(1)の事由により被相続人の居住の用に供されなくなった後に、あらたにその宅地等を次の用途に供した場合には、その宅地等はこの特例の適用を受けることはできません。

　イ　事業（貸付けを含む。また、事業主体は問わない。）の用

　ロ　被相続人又はその被相続人と生計を一にしていた親族以外の者の居住の用

39 配偶者居住権に係る特定居住用宅地等の特例適用面積

Q 民法改正で配偶者居住権が創設され、その相続税の評価方法も定まったと聞きました。配偶者居住権が設定された特定居住用宅地等の小規模宅地の特例はどのようになるのでしょうか。

A
1 改正前の民法における配偶者に関する課題

改正前の民法では、遺言書を作成していない状態で相続が発生した場合、遺産分割が完了するまでは不動産等の相続財産は相続人全員の共有に属します。したがって、相続人はだれでも相続開始と同時に全ての不動産に対して、自らの法定相続分について相続登記することが可能です。遺産分割完了までの期間、例えば配偶者が居住し続けていれば、その間の使用利益を他の共有者である相続人に支払うべきだという考え方も許されます。

父親名義の居宅に母親が引き続き居住することは常識的に言えば当たり前ですが、共同相続人である子が法定相続分に相当する持ち分に対応する家賃を払えと言えるということです。そんなことをいう子はほとんどいないでしょうが、法的にはそれが可能で、実際にそのような主張を行う例もあったようです。

2 配偶者短期居住権と配偶者居住権

そこで、次のような居住権を創設しました。

(1) 配偶者　　　　　➡　被相続人の所有していた建物に無償で居住し
短期居住権　　　　　ていた配偶者に対し、遺産分割完了までの間、引
　　　　　　　　　　き続きその建物を無償で使用でき、遺産分割の際
　　　　　　　　　　にこの利益を考慮しないものとする権利

178　第Ⅵ章　小規模宅地等の特例の全体像

(2) 配偶者
居住権 ➡ 　　配偶者以外の相続人が配偶者の居住していた不動産
を取得した場合に、配偶者に終身又は一定期間の建物
の使用を認めることができる権利（遺産分割等の際に、
長期居住権が配偶者の取得した相続財産となる。）

3　配偶者居住権の登記等

　これによって2020年（令和2年）4月1日から配偶者居住権が施行
され、遺言や遺産分割協議によって被相続人とともに居住していた配偶
者が被相続人の相続開始後にその居住している家屋に配偶者居住権の登
記が可能になります。配偶者居住権はその家屋の敷地にも及びますので、
その土地等を取得した者の土地等の評価額から配偶者居住権を控除する
ことになり、配偶者に対しては配偶者居住権を相続等によって取得した
ものとみなして相続税が課税されます。

4　相続税財産評価における配偶者居住権の評価

　被相続人が居住していた建物及びその敷地の相続税評価額を基に、配
偶者居住権を評価することになります。

(1)　建物所有権

　建物を相続等した者の建物の評価は固定資産税評価額によって行いま
すが、これにその建物の法定耐用年数から建築後の経過年数を控除した
ものを分母とし、この分母から居住権の存続年数を差し引いたものを分
子として乗じます。そのうえで、居住権の存続年数に応じた民法の法定
利率による複利現価率を乗じて建物所有権を算出します。現在の民法の
法定利率は3％です。

建物所有権＝

$$\text{建物の相続税評価額} \times \frac{\text{法定耐用年数(非事業用)－築年数－居住権の存続年数}^{※1}}{\text{法定耐用年数(非事業用)－築年数}} \times \text{存続年数に応じた民法の法定利率による複利現価率}$$

※1　存続年数は遺産分割協議等に定められた残存年数で、配偶者の平均余命年数を上限とする

(2) 建物の配偶者居住権

配偶者の権利である建物の配偶者居住権は、建物の固定資産税評価額から上記(1)で求めた金額を控除して求めます。

> 建物の相続税評価額 − 上記(1)

(3) 土地所有権

土地を相続等した者の土地の相続税評価は財産評価基本通達における路線価を基に各種補正をして算出した評価額に、居住権の存続年数に応じた民法の法定利率による複利現価率を乗じて計算します。

$$土地の相続税評価額 \times \begin{array}{l} 存続年数に応じた \\ 民法の法定利率に \\ よる複利現価率 \end{array}$$

(4) 配偶者居住権（敷地に対する権利）[2]

配偶者居住権は、土地の相続税評価額から上記(3)の評価額を控除した金額となります。

> 土地の相続税評価額 − 上記(3)

※2　敷地に対する権利は、小規模宅地等の特例の対象とする

前提条件

① 夫に相続が発生

② 妻、夫死亡時85歳

③ 自宅　建物相続税評価額　1,000万円（木造・築15年）

④ 自宅　土地面積　280㎡

　　　　土地の相続税評価額　2,000万円

⑤ 長男が自宅の建物・土地を相続する。妻は自宅に居住を続ける。

(1) 建物所有権（長男）の評価

$$1{,}000万円 \times \frac{22年 \times 1.5 - 15年 - 8年^{(注1)} = 10年}{22年 \times 1.5 - 15年 = 18年} \times 0.789^{(注2)} = 4{,}383{,}333円$$

（注1）居住権の存続年数　85歳女性の平均余命年数…8.30年（6月以上切上、6月未満切捨）

（注2）複利現価率　年利率3％のときの8年の場合…0.789

（注3）経過年数や法定耐用年数の1.5倍についても6月以上切上、6月未満切捨

(2) 配偶者居住権（建物）の評価

1,000万円－4,383,333円＝5,616,667円

(3) 土地所有権

2,000万円×0.789＝1,578万円

(4) 配偶者居住権（敷地に対する権利）

2,000万円－1,578万円＝422万円

(5) 配偶者居住権（土地・建物に対する権利の合計）

5,616,667円＋4,220,000円＝9,836,667円

(6) 所有権

4,383,333円＋15,780,000円＝20,163,333円

5　配偶者居住権に係る小規模宅地等の特例適用面積

　配偶者居住権の目的となっている建物の敷地である宅地登記は配偶者居住権に基づき使用する権利について、特定居住用宅地等に係る小規模宅地等の特例の適用を受けることもできます。

　その場合、小規模宅地等の特例対象宅地等の面積は、その宅地等の面積に、敷地である宅地等の価額又は配偶者居住権の価額が、これらの価額の合計額のうちにそれぞれ占める割合を乗じて計算します。

　上記の事例で計算すると次ページのようになります。

① 配偶者の小規模宅地等の適用面積

$280\text{㎡} \times 422\text{万円} \div 2{,}000\text{万円} = 59.08\text{㎡}$

② 長男の小規模宅地等の適用面積

$280\text{㎡} \times 1{,}578\text{万円} \div 2{,}000\text{万円} = 220.92\text{㎡}$

40 特定同族会社事業用宅地等の適用要件

Q 相続人等の同族会社の事業の用に供されていた宅地等を相続等によって取得した場合には、400㎡までの評価額について80％減額されるそうですが、その適用を受けるための要件を教えてください。

A 特定同族会社事業用宅地等とは、相続開始の直前において被相続人及びその被相続人の親族その他その被相続人と一定の特別の関係がある者が有する株式の総数又は出資の総額がその株式又は出資に係る法人の発行済株式の総数又は出資の総額の10分の5を超える法人の事業の用に供されていた宅地等をいい、一定の要件を満たして取得した宅地等は、400㎡までの評価額について80％減額されます。

1 所有と利用の関係

相続又は遺贈によりその宅地等を取得した個人のうちにその法人の役員であるその被相続人の親族がおり、その宅地等を取得した親族が相続開始の時から申告期限まで引き続きその宅地等を所有し、かつ、申告期限まで引き続きその法人の事業の用に供されている場合におけるその宅地等（宅地等のうちにこの要件に該当する部分以外の部分があるときは、この要件に該当する部分の宅地等に限る。また、次に掲げる要件を満たす親族が相続又は遺贈により取得した持分の割合に応ずる部分に限る。）について適用があります。

2 被相続人の建物等を特定同族会社が借りて事業を行っている場合

被相続人の建物等があり、特定同族会社が建物等を借りて事業を行っている場合には、その建物を同族会社が無償で使用していると特定同族会社事業用宅地等には該当せず小規模宅地等の特例の適用がありません。

40　特定同族会社事業用宅地等の適用要件　183

〈特定同族会社事業用宅地等の要件〉

区　分		特例の要件
特定同族会社（※1）の事業（※3）の用に供されていた宅地等	法人役員要件	相続税の申告期限においてその法人の役員（※2）であること
	保有継続要件	その宅地等を相続税の申告期限まで有していること

（※1）特定同族会社とは、相続開始の直前において被相続人及びその親族等がその法人の発行済株式の総数又は出資の総額の50％超を有している法人（相続税の申告期限において清算中の法人を除きます。）をいいます。
（※2）法人税法第2条第15号に規定する役員（清算人を除きます。）をいいます。
（※3）不動産貸付業でないこと

〈特定同族会社事業用の具体的なケース〉

　　被相続人の建物等があり、特定同族会社が建物等を借りて事業を行っている場合

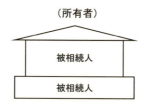

建物の貸借形態	特例内容	根拠
有　償	特定同族会社事業用	措通69の4-23
無　償	非該当	―

（※）特定同族会社事業用は、特定同族会社事業用宅地等の他の要件を満たしている場合に限ります。

41 貸付事業用宅地等の適用要件

Q 被相続人が行っていた賃貸住宅や青空駐車場、貸地などの敷地について貸付事業用地として小規模宅地の特例の適用を受けることができるそうですがその要件などについて教えてください。

A

1 貸付事業用宅地等の適用要件

貸付事業用宅地等とは、被相続人等の事業（不動産貸付業及び準事業に限ります。以下「貸付事業」という。）の用に供されていた宅地等で、次に掲げる要件のいずれかを満たすその被相続人の親族が相続又は遺贈により取得したもの（特定同族会社事業用宅地等を除き、次に掲げる要件を満たす親族が相続又は遺贈により取得した持分の割合に応ずる部分に限ります。）をいいます。

(1) その親族が、相続開始の時から申告期限までの間にその宅地等に係る被相続人の貸付事業を引き継ぎ、申告期限まで引き続きその宅地等を所有し、かつ、その貸付事業の用に供していること。

(2) その親族がその被相続人と生計を一にしていた者であって、相続開始の時から申告期限まで引き続きその宅地等を所有し、かつ、相続開始前から申告期限まで引き続きその宅地等を自己の貸付事業の用に供していること。

2 貸付事業の範囲は広い

「貸付事業」とは、「不動産貸付業」、「駐車場業」、「自転車駐車場業」及び事業と称するに至らない不動産の貸付けその他これに類する行為で相当の対価を得て継続的に行う「準事業」をいいますのでかなり広い範囲で適用できます。ただし、この特例の対象となる不動産の貸付けは相当の対価を得て継続的に行うものに限られていますので、使用貸借により貸し付けられている宅地等は特例の対象になりません。

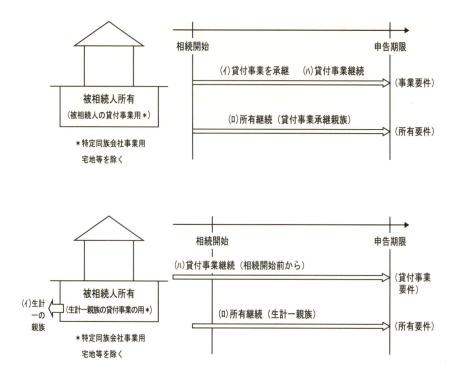

3 相続開始前3年内の貸付事業用宅地等は対象外

　平成30年4月1日以後の相続又は遺贈により取得した宅地等については、その相続の開始前3年以内に新たに貸付事業の用に供された宅地等は貸付事業用宅地等の特例の適用対象となりません。ただし、相続開始前3年以内に新たに貸付事業の用に供された宅地等であっても、相続開始の日まで3年を超えて引き続き特定貸付事業(注)(貸付事業のうち準事業以外のものをいいます。)を行っていた被相続人等のその特定貸付事業の用に供された宅地等については、3年内貸付事業宅地等に該当しませんので小規模宅地等の特例の対象となります。

　（注）　特定貸付事業は、貸付事業のうち準事業以外のものをいいますが、被相続人等の貸付事業が準事業以外の貸付事業に当たるかどうかについては、社会通念上事業と称するに至る程度の規模で当該貸付事業が行われ

ていたかどうかにより判定することとされています。

なお、この判定は次によります。

(1) 被相続人等が行う貸付事業が不動産の貸付けである場合において、その不動産の貸付けが不動産所得を生ずべき事業として行われているときは、その貸付事業は特定貸付事業に該当し、その不動産の貸付けが不動産所得を生ずべき事業以外のものとして行われているときは、当該貸付事業は準事業に該当します。

(2) 被相続人等が行う貸付事業の対象が駐車場又は自転車駐車場であって自己の責任において他人の物を保管するものである場合において、その貸付事業が事業所得を生ずべきものとして行われているときは、その貸付事業は特定貸付事業に該当し、当該貸付事業が雑所得を生ずべきものとして行われているときは、その貸付事業は準事業に該当します。

4　特定貸付事業が引き続き行われていない場合

相続開始前3年以内に宅地等が新たに被相続人等の行う特定貸付事業の用に供された場合において、その供された時から相続開始の日までの間にその被相続人等が行う貸付事業が特定貸付事業に該当しないこととなったときは、当該宅地等は、相続開始の日まで3年を超えて引き続き特定貸付事業を行っていた被相続人等の貸付事業の用に供されたものに該当せず、貸付事業用宅地等の対象となる宅地等から除かれることになります。

5　被相続人の貸付事業の用に供することが適用の条件

特定貸付事業を行っていた「被相続人等の当該貸付事業の用に供された」とは、特定貸付事業を行う被相続人等が、宅地等をその自己が行う特定貸付事業の用に供した場合をいいますので、次に掲げる場合はこれに該当せず、小規模宅地等の特例の適用から除外されますので留意が必要です。

(1) 被相続人が特定貸付事業を行っていた場合に、被相続人と生計を一にする親族が宅地等を自己の貸付事業の用に供したとき

(2) 被相続人と生計を一にする親族が特定貸付事業を行っていた場合に、被相続人又は当該親族以外の被相続人と生計を一にする親族が宅地等を自己の貸付事業の用に供したとき

6 一時的に賃貸されていなかった場合

被相続人等の貸付事業の用に供されていた宅地等に該当するかどうかは、その宅地等が相続開始の時において現実に貸付事業の用に供されていたかどうかで判定されますが、貸付事業の用に供されていた宅地等には、その貸付事業に係る建物等のうちに相続開始の時において一時的に賃貸されていなかったと認められる部分がある場合でもその部分に係る宅地等の部分が含まれることとされています。

7 賃貸建物等の建築中に相続が発生した場合

(1) 新たに貸付事業の用に供する建物等を建築中の場合

新たに貸付事業の用に供する建物等を建築中である場合や、新たに建築した建物等に係る賃借人の募集その他の貸付事業の準備行為が行われているに過ぎない場合には、その宅地等は貸付事業の用に供されていた宅地等に該当せず、小規模宅地等の特例の適用をすることができません。

(2) 建物等が一時的に賃貸されていなかった場合

次に掲げる場合のように、建物等が一時的に賃貸されていなかったに過ぎないと認められるときには、その建物等に係る宅地等は、貸付事業の用に供されていた宅地等に該当し、小規模宅地等の特例の適用をすることができます。

① 継続的に賃貸されていた建物等について賃借人が退去をした場合において、その退去後速やかに新たな賃借人の募集が行われ、賃貸されていたとき（新たな賃借人が入居するまでの間、その建物等を貸付事業の用以外の用に供していないときに限ります。）

②　継続的に賃貸されていた建物等について建替えが行われた場合において、建物等の建替え後速やかに新たな賃借人の募集が行われ、賃貸されていたとき（その建替え後の建物等を貸付事業の用以外の用に供していないときに限ります。）

③　継続的に賃貸されていた建物等が災害により損害を受けたため、その建物等に係る貸付事業を休業した場合において、その貸付事業の再開のためのその建物等の修繕その他の準備が行われ、その貸付事業が再開されていたとき（休業中にその建物等を貸付事業の用以外の用に供していないときに限ります。）

42 「生計を一にする」とは

Q 　特定居住用宅地等及び特定事業用宅地等の適用要件に「生計を一にする」という要件がありますが、具体的にどのような場合をいうのでしょうか。

A 　「生計を一にする」かどうかで特定居住用宅地等又は特定事業用宅地等に該当する場合としない場合とに分かれるケースがあるのはこれまでの要件を見ていただいてご理解いただけたと思います。そこで、「生計を一にする」ことについて詳しく検討しましょう。

　生計を一にするということは必ずしも同一に家屋に起居しているというものではありません。次のような状態であれば生計を一にするものとされます。

(1)　勤務、修学、療養等の都合上他の親族と日常の起居を共にしていない親族がいる場合であっても、次に掲げる場合に該当するときは、これらの親族は生計を一にするものとする

　①　当該他の親族と日常の起居を共にしていない親族が、勤務、修学等の余暇には当該他の親族のもとで起居を共にすることを常態としている場合

　②　これらの親族間において、常に生活費、学資費、療養費等の送金が行われている場合

(2)　親族が同一の家屋に起居している場合には、明らかに互いに独立した生活を営んでいると認められる場合を除き、これらの親族は生計を一にするものとする

第 VII 章

特定事業用宅地等の適用要件

43 特定事業用宅地等の適用要件

Q 被相続人が事業の用に供していた特定事業用宅地等の小規模宅地の特例の適用を受けるための要件を教えてください。

A

1 特定事業用宅地等の適用要件

特定事業用宅地等とは、被相続人等の事業（不動産貸付業、駐車場業、自転車駐車場業及び準事業を除く。）の用に供されていた宅地等で、次に掲げる要件のいずれかを満たすその被相続人の親族が相続又は遺贈により取得したものをいいます。

① その親族が、相続開始の時から申告書の提出期限（申告期限）までの間にその宅地等の上で営まれていた被相続人の事業を引き継ぎ、申告期限まで引き続きその宅地等を所有し、かつ、その事業を営んでいること。

② その親族が被相続人と生計を一にしていた者であって、相続開始の時から申告期限まで引き続きその宅地等を所有し、かつ、相続開始前から申告期限まで引き続きその宅地等を自己の事業の用に供していること。

2 農機具等の収納又は農作業を行うことを目的とした建物の敷地

農業用耕うん機、トラクター、農機具等の収納や農作業を行うための建物の敷地は、他の要件を満たす限り小規模宅地等の特例の対象となる事業用宅地等に該当します。

ただし、建物又は構築物の敷地であっても、①温室その他の建物でその敷地が耕作の用に供されているもの及び②暗きょその他の構築物でその敷地が耕作・養畜等の用に供されるものについては、たとえ建物等の敷地であっても同特例の対象となる事業用宅地等には該当しません。こ

192 第Ⅶ章 特定事業用宅地等の適用要件

れらの土地は建物等の敷地とはいえ、農地又は採草放牧地に該当し、それらについては、一定の要件を満たす場合には、農地等の納税猶予の特例を適用することができます。

特定事業用宅地等の要件

区　　分	特例の適用要件	
被相続人の事業の用に供されていた宅地等 （措法 69 の 4 ③一イ）	事業継続要件	その宅地等の上で営まれていた被相続人の事業を相続税の申告期限までに承継し、かつ、その申告期限までその事業を 営んでいること
	保有継続要件	その宅地等を相続税の申告期限まで有していること
被相続人と生計を一にしていた被相続人の親族の事業の用に供されていた宅地等 （措法 69 の 4 ③一ロ）	事業継続要件	相続開始前から相続税の申告期限まで、その宅地等の上で事業を営んでいること
	保有継続要件	その宅地等を相続税の申告期限まで有していること

3　被相続人の所有する建物等がある場合

被相続人所有の土地の上に被相続人所有の建物があり、その建物を使用して事業を行っている者が次の表の区分に応じて、建物の貸借が有償か無償かによって特定事業用宅地等になる場合と貸付事業用になる場合、どちらにも該当しない場合に分かれます。

当該建物で事業 [※1] を行っている者	建物の貸借形態	特例内容	根拠
被相続人	−	特定事業用	措通69の4-4(2)
生計を一にする親族	有償	貸付事業用	措通69の4-4(1)
	無償	特定事業用	措通69の4-4(2)
被相続人等以外の者	有償	貸付事業用	措通69の4-4(1)
	無償	非該当	−

（※1）事業には、貸付事業を除きます。

（※2）特定事業用、貸付事業用は、それぞれ特定事業用宅地等、貸付事業用宅地等の他の要件を満たしている場合に限ります。

4　使用人の寄宿舎等の敷地

被相続人等の営む事業に従事する使用人の寄宿舎等（被相続人等の親族のみが使用していたものを除く。）の敷地の用に供されていた宅地等は、被相続人等のその事業に係る特定事業用宅地等として小規模宅地等の特例の対象となります。

5　宅地を取得した親族等が事業主となっていない場合

事業を営んでいるかどうかは、事業主として当該事業を行っているかどうかにより判定するのですが、親族が就学中であることその他当面事業主となれないことについてやむを得ない事情があるため、その親族の親族が事業主となっている場合には、その親族が当該事業を営んでいるものとして取り扱い、小規模宅地等の特例の適用を受けることができます。また、事業を営んでいるかどうかは、会社等に勤務するなど他に職を有し、又はその事業の他に主たる事業を有している場合であっても、その事業の事業主となっている限り小規模宅地等の特例の適用を受けることができます。

194　第Ⅶ章　特定事業用宅地等の適用要件

6　相続開始前3年内に事業の用に供された宅地等は除外

　平成31年4月1日以後の相続開始による取得から、相続開始前3年内に事業の用に供された宅地等は特定事業用宅地等から除外され、小規模宅地等の特例が適用できなくなりました。しかし、その宅地等の上で事業の用に供されている減価償却資産の価額が、その宅地等の相続時の価額の15%以上である場合には除外されず、小規模宅地等の特例の適用ができることとされています。

その宅地等の上で事業の用に供されている減価償却資産の
価額が、その宅地等の相続時の価額の15%以上である場合

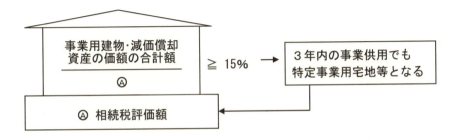

44 生計一親族は特定居住用宅地等と特定事業用宅地等の完全併用

> **Q** 特定事業用等宅地等の限度面積400㎡と特定居住用宅地等の限度面積330㎡を特例の対象として選択する場合には合計730㎡まで適用することが可能とされましたが、その趣旨と留意点を教えてください。

A 平成27年1月1日以後の相続開始から、特例の対象として選択する宅地等の全てが特定事業用等宅地等及び特定居住用宅地等である場合には、完全併用できることとなっています。両者で適用できる要件を満たしている場合には非常に有利になっています。

【事例検討】

被相続人が居住し所有していた家屋とその土地（330㎡：評価額1億円）及び被相続人所有の長男がクリニックを開業している土地（400㎡：評価額1.5億円）を長男が相続しました。長男は自ら所有している分譲マンションに居住していたとして、クリニック開業の土地は無償で使用していた場合と有償で使用していた場合とで検討しましょう。

1　生計一でない場合

前提条件

生計が一でない場合、被相続人が居住していた土地は特定居住用宅地等には該当しません。また、被相続人所有地である長男経営のクリニックの敷地は特定事業用宅地等に該当しません。結果、自宅敷地とクリニックの敷地の相続税評価額の合計金額は2億5,000万円になります。

長男が土地所有者であった被相続人に地代を払っていたのであれば、貸付事業用宅地等としての減額があるため2億1,250万円とな

196　第Ⅶ章　特定事業用宅地等の適用要件

ります。地代を払っていなければ全く減額がありません。

(1) 地代無償の場合

被相続人所有の家屋に被相続人が居住　　　　　　　　　　相続税
　　　　　　　　　　　　　　　　　　　　　　　　　　　　評価額

被相続人所有の自宅敷地　　　　　　　　　　330㎡　　　1億円

長男がクリニックを営む被相続人所有土地　　400㎡　　1.5億円

(地代は無償)

　　　　　　　　　　　合計　相続税評価額　　　　　　2.5億円

(2) 地代有償の場合　　　　　　　　　　　　　　　　　　　相続税
　　　　　　　　　　　　　　　　　　　　　　　　　　　　評価額

被相続人所有の家屋に父夫婦が居住

被相続人所有の自宅敷地　　　　　　　　　　330㎡　　　1億円

長男がクリニックを営む被相続人所有土地

(地代有償のため貸付事業用宅地等)　　　　400㎡　　1.5億円

　　　　　1.5億円 ÷ 400㎡ × 200㎡ × 50% = ▲ 3,750万円

　　　　　　　　　合計　相続税評価額　　2億1,250万円

2 生計を一にしている場合

　生計が一であった場合、被相続人が居住していた土地は特定居住用宅地等に該当します。また、被相続人所有地である長男経営のクリニックの敷地は、地代の授受がなければ特定事業用宅地等に該当します。結果それぞれの特例の限度面積まで80％の減額が可能となり、相続税評価額の合計額は5,000万円ということになります。

　長男が土地所有者であった被相続人に地代を払っていたのであれば、特定事業用宅地等ではなく、貸付事業用宅地等としての減額になりますので、相続税評価額の合計額は1億3,250万円ということになります。

(1) 地代無償の場合

被相続人所有の家屋に被相続人が居住　　　　　相続税評価額

被相続人所有の自宅敷地（330㎡）

$$1億円 \times (1 - 80\%) = 2,000万円$$

長男がクリニックを営む被相続人所有土地（400㎡）

$$1.5億円 \times (1 - 80\%) = 3,000万円$$

（地代は無償）

合計　相続税評価額　　　5,000万円

(2) 地代有償の場合

被相続人所有の家屋に父夫婦が居住　　　　　相続税評価額

被相続人所有の自宅敷地（330㎡）

$$1億円 \times (1 - 80\%) = 2,000万円$$

長男がクリニックを営む被相続人所有土地（400㎡）　　1.5億円

（地代有償のため貸付事業用宅地等）

$$1.5億円 \div 400㎡ \times 200㎡ \times 50\% = ▲3,750万円$$

合計　相続税評価額　　1億3,250万円

　このように被相続人と小規模宅地等を取得した者が生計を一にしているかいないかによって大変な差が生じることになります。もっとも、最近の親子、親族間では以前のような大家族ではなく核家族化が進み、また、親・子双方が複雑な人間関係を敬遠して同居することが稀になってきているのが実情でしょう。

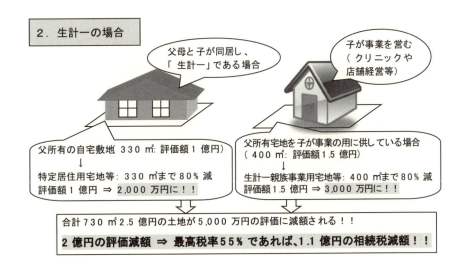

44 生計一親族は特定居住用宅地等と特定事業用宅地等の完全併用

45 小規模宅地等の特例の適用を受けるための手続

Q 小規模宅地等の特例の適用を受けるために提出しなければならない書類はどのようなものでしょうか。

A 小規模宅地等の特例の適用を受けるためには、適用を受けようとする特例の内容に応じて次の表の書類を相続税の申告書と同時に提出する必要があります。

(4) 小規模宅地等の特例の適用を受ける場合(注1)

①	次のいずれかの書類 イ 被相続人の全ての相続人を明らかにする戸籍の謄本(相続開始の日から10日を経過した日以後に作成されたもの) ロ 図形式の法定相続情報一覧図の写し(子の続柄が実子又は養子のいずれであるかが分かるように記載されたものに限ります。) なお、被相続人に養子がいる場合には、その養子の戸籍の謄本又は抄本の提出も必要です。 ハ イ又はロをコピー機で複写したもの		
②	遺言書の写し又は遺産分割協議書の写し		
③	相続人全員の印鑑証明書(遺産分割協議書に押印したもの)		
④	申告期限後3年以内の分割見込書(申告期限内に分割ができない場合に提出してください。)		
⑤	特定居住用宅地等に該当する宅地等(注2)	1	特例の適用を受ける宅地等を自己の居住の用に供していることを明らかにする書類(特例の適用を受ける人がマイナンバー(個人番号)を有する場合には提出不要です。)
		2	被相続人の親族で、相続開始前3年以内に自己等が所有する家屋に居住したことがないことなど一定の要件を満たす人が、被相続人の居住の用に供されていた宅地等について特例の適用を受ける場合 イ 相続開始前3年以内における住所又は居所を明らかにする書類(特例の適用を受ける人がマイナンバー(個人番号)を有する場合には提出不要です。) ロ 相続開始前3年以内に居住していた家屋が、自己、自己の配偶者、三親等内の親族又は特別の関係がある一定の法人の所有する家屋以外の家屋である旨を証する書類 ハ 相続開始の時において自己の居住している家屋を相続開始前のいずれの時においても所有していたことがないことを証する書類

	（前ページからの続き）		被相続人が養護老人ホームに入所していたことなど一定の事由により相続開始の直前において被相続人の居住の用に供されていなかった宅地等について特例の適用を受ける場合
		3	イ 被相続人の戸籍の附票の写し（相続開始の日以後に作成されたもの） ロ 介護保険の被保険者証の写しや障害者の日常生活及び社会生活を総合的に支援するための法律第22条第8項に規定する障害福祉サービス受給者証の写しなど、被相続人が介護保険法第19条第1項に規定する要介護認定、同条第2項に規定する要支援認定を受けていたこと若しくは介護保険法施行規則第140条の62の4第2号に該当していたこと又は障害者の日常生活及び社会生活を総合的に支援するための法律第21条第1項に規定する障害支援区分の認定を受けていたことを明らかにする書類 ハ 施設への入所時における契約書の写しなど、被相続人が相続開始の直前において入居又は入所していた住居又は施設の名称及び所在地並びにその住居又は施設が次のいずれに該当するかを明らかにする書類 （イ） 老人福祉法第5条の2第6項に規定する認知症対応型老人共同生活援助事業が行われる住居、同法第20条の4に規定する養護老人ホーム、同法第20条の5に規定する特別養護老人ホーム、同法第20条の6に規定する軽費老人ホーム又は同法第29条第1項に規定する有料老人ホーム （ロ） 介護保険法第8条第28項に規定する介護老人保健施設又は同条第29項に規定する介護医療院 （ハ） 高齢者の居住の安定確保に関する法律第5条第1項に規定するサービス付き高齢者向け住宅 （（イ）の有料老人ホームを除きます。） （ニ） 障害者の日常生活及び社会生活を総合的に支援するための法律第5条第11項に規定する障害者支援施設（同条第10項に規定する施設入所支援が行われるものに限ります。）又は同条第17項に規定する共同生活援助を行う住居
⑥	特定事業用宅地等に該当する宅地等		一定の郵便局舎の敷地の用に供されている宅地等の場合には、総務大臣が交付した証明書

45 小規模宅地等の特例の適用を受けるための手続 201

⑦	特定同族会社事業用宅地等 に該当する宅地等	イ　特例の対象となる法人の定款（相続開始の時に効力を有するものに限ります。）の写し ロ　特例の対象となる法人の相続開始の直前における発行済株式の総数又は出資の総額及び被相続人及び被相続人の親族その他被相続人と特別の関係がある者が有するその法人の株式の総数又は出資の総額を記載した書類（特例の対象となる法人が証明したものに限ります。）
⑧	貸付事業用宅地等 に該当する宅地等 ^(注3)	貸付事業用宅地等が相続開始前3年以内に新たに被相続人等の特定貸付事業の用に供されたものであるときには、被相続人等が相続開始の日まで3年を超えて特定貸付事業を行っていたことを明らかにする書類

(注)　1　小規模宅地等の特例の適用を受ける場合には、①～④に掲げる書類を提出するとともに、この特例の適用を受ける宅地等の区分（⑤～⑧）に応じ、それぞれ⑤～⑧に掲げる書類を提出してください。

　　　　2　⑤の宅地等について特例の適用を受ける場合には、⑤の1に掲げる書類で、特例の適用を受ける人に係るものを提出（被相続人の配偶者が特例の適用を受ける場合は提出不要です。）するとともに、⑤の2又は3の場合に該当するときには、それぞれ⑤の2又は3に掲げる書類で、特例の適用を受ける人に係るものを提出してください。

　　　　　（出典）　国税庁 HP「相続税の申告のしかた（令和元年分用）」
　　　　　　　　　　　　　　　　　　　　（P107 ～ 108　小規模宅地等の特例）

第VIII章

個人版事業承継税制と小規模宅地等の特例の選択

46 個人版事業承継税制と小規模宅地等の特例の適用関係

Q 　個人版事業承継税制の相続税の納税猶予・免除制度の適用を受けた場合には、相続税の小規模宅地等の軽減特例の適用に制限があるそうですが、全く受けることができなくなるのでしょうか。

A

1　個人版事業承継税制の適用を受ける特定事業用宅地等の軽減特例は適用不可

　特定事業相続人等が個人版事業承継税制の相続税の納税猶予・免除制度の適用を受けると、特定事業相続人等はもちろん他の相続人等も相続税の特定事業用宅地等の軽減特例は適用することができません。したがって、他の相続人等が特定事業用宅地等の軽減特例の適用を受けると後継者は個人版事業承継税制の相続税の納税猶予・免除制度の適用を受けることができません。

2　個人版事業承継税制と小規模宅地等の軽減特例との関係

　先代事業者等（被相続人）に係る相続又は遺贈により取得した宅地等について、小規模宅地等の特例の適用を受ける者がある場合、その適用を受ける小規模宅地等の区分に応じ、個人版事業承継税制の相続税の納税猶予の適用対象面積が次のように制限されます。なお、特定居住用宅地等の適用については制限がありませんので、完全併用することが可能です。

① 　特定同族会社事業用宅地等に係る特例を受けた場合、400㎡からその適用面積が控除されます。

② 　貸付事業用宅地等に係る特例を受けた場合、調整後の全ての特例対象宅地等の面積の合計額に2を乗じた面積が控除されます。

204　第Ⅷ章　個人版事業承継税制と小規模宅地等の特例の選択

図表　相続税の個人版事業承継税制と小規模宅地等の特例との適用関係

	適用を受ける小規模宅地等の区分	個人版事業承継税制の適用
イ	特定事業用宅地等	適用を受けることはできません。
ロ	特定同族会社事業用宅地等	「400㎡－特定同族会社事業用宅地等の面積」が適用対象となる宅地等の限度面積となります※1。
ハ	貸付事業用宅地等	「400㎡－2×（A×$\frac{200}{330}$＋B×$\frac{200}{400}$＋C）」が適用対象となる宅地等の限度面積となります※2。
ニ	特定居住用宅地等	適用制限はありません※1。

※1　他に貸付事業用宅地等について小規模宅地等の特例の適用を受ける場合には、ハによります。

　2　Aは特定居住用宅地等の面積、Bは特定同族会社事業用宅地等の面積、Cは貸付事業用宅地等の面積です。

図表　相続税の個人版事業承継税制と小規模宅地等の特例（特定事業用宅地等）との主な違い

	個人版事業承継税制	小規模宅地等の特例
事前の計画策定等	5年以内の個人事業承継計画の提出 平成31年4月1日から 令和6年3月31日まで	不要
適用期限	10年以内の贈与・相続等 平成31年1月1日から 令和10年12月31日まで	なし
承継パターン	贈与・相続等	相続等のみ
対象資産	・宅地等（400㎡まで） ・建物（床面積800㎡まで） ・一定の減価償却資産	宅地等（400㎡まで）のみ
減額割合	100%（納税猶予）	80%（課税価格の減額）
事業の継続	終身	申告期限まで

（出典）　国税庁HP「個人版事業承継税制のあらまし」

47 個人版事業承継税制と小規模宅地等の特例の選択の事例検討

> **Q** 個人の特定事業用資産の相続税の納税猶予制度の適用対象として事業の用に供している宅地等を選択すると小規模宅地等の特例の特定事業用宅地等の軽減特例が適用できないとのことですが、どちらで選択したほうが有利になるのでしょうか。

A 個人の特定事業用資産の相続税の納税猶予制度の適用対象として事業の用に供している宅地等を選択すると小規模宅地等の特例の特定事業用宅地等が適用できません。納税猶予の適用を受けた場合には、事業用宅地等の最大400㎡までの評価額全額に対応する相続税額の全額の納税が猶予されます。一方、小規模宅地等の特定事業用宅地等については、事業用宅地等の最大400㎡までの80％が減額されます。このことだけをとらえると納税猶予の適用を受けたほうが有利であると考えられます。

次に第Ⅳ章28の事例を基に前提条件を追加して事例で比較検討してみましょう。

【事例1】 財産総額5億円、うち事業用宅地等1億円の場合

・特定事業用資産の合計額（特定事業用資産に対応する債務引受はない。葬式費用控除済み。）　　　　　　　　　　　　　　2億円

　（特定事業用宅地等　400㎡　評価額1億円を含む）

・事業後継者Aが取得した住宅や預貯金等のその他の資産の合計

　　　　　　　　　　　　　　　　　　　　　　　　　　　　1億円

・事業後継者以外の相続人Bが取得した財産の合計額　　　2億円

・配偶者はおらず相続人は事業後継者Aと他家に嫁いだB

・小規模宅地等の軽減特例は居住用宅地等を事業後継者が適用済

206　第Ⅷ章　個人版事業承継税制と小規模宅地等の特例の選択

1 特定事業用宅地等の小規模宅地の特例の適用を受ける場合

(1) 特定事業用宅地等の小規模宅地の減少金額の計算

1億円 ÷ 400㎡ × 400㎡ × 80% = 8,000万円

(2) 相続税の総額

{(5億円 − 8,000万円) − (基礎控除3,000万円 + 600万円 × 2)}

= 3億7,800万円

3億7,800万円 ÷ 2 = 1億8,900万円

1億8,900万円 × 40% − 1,700万円 = 5,860万円

5,860万円 × 2 = 1億1,720万円

(3) 事業相続人Aの相続税額

1億1,720万円 × (2億円 + 1億円 − 8,000万円) ÷ 4億2,000万円

≒ 6,139.05万円

(4) もう一人の相続人Bの相続税額

1億1,720万円 × 2億円 ÷ 4億2,000万円 ≒ 5,580.95万円

小規模事業宅地等の特例の適用を受けた場合の相続税の総額は、1億1,720万円となり、第Ⅳ章28の特定事業用資産の相続税の納税猶予の適用を受けた場合の相続税の総額1億5,210万円より3,490万円も少なくなります。しかし、納税猶予の場合には事業後継者である相続人の相続税のうち5,460万円が猶予されますので、実際の納付税額は二人分の合計で9,750万円となり、小規模宅地等の特例適用時の相続税額の総額約1億1,720万円より1,970万円少ない納税ですみます。

相続税の納税猶予の適用を受けるほうが相続税負担総額を1,970万円少なく済ませることができるとはいえ、納税猶予制度の適用を受けても納税猶予の全部または一部が打ち切られる場合もあります。打ち切り事由が生じると猶予相続税額と経過利息の納付が必要となるリスクがあります。1,970万円の違いなら小規模宅地等の特例の適用を受けたほうが良いという判断もあるでしょう。

【事例1】 納税猶予適用と小規模宅地等の特例適用の比較表

相続による取得財産		第Ⅳ章 28 納税猶予適用の場合		小規模宅地等の 特例適用の場合	
事業 後継者A	特定事業用 宅地等	1億円		2,000万円	
	その他の 特定事業用 資産	1億円		1億円	
	その他の 財産	1億円		1億円	
その他B　財産の合計額		2億円		2億円	
相続税の総額		1億5,210万円		1億1,720万円	
各人の相続税額		A	B	A	B
		9,126万円	6,084万円	6,139.05万円	5,580.95万円
納税猶予税額		5,460万円	－	－	－
各人の納付税額		3,666万円	6,084万円	6,139.05万円	5,580.95万円
合計納付税額		9,750万円		1億1,720万円	

【事例2】 財産総額20億円のうち事業用宅地等3億円・
他の特定事業用資産2億円の場合

【事例1】は財産総額5億円でしたが、財産総額20億円で特定事業用宅地等の評価額が3億円の場合で検討してみましょう。

・特定事業用資産の合計額（特定事業用資産に対応する債務引受はない。葬式費用控除済み。）　　　　　　　　　　　5億円
（特定事業用宅地等　400㎡　評価額3億円を含む）
・事業後継者Aが取得した住宅や預貯金等のその他の資産の合計
　　　　　　　　　　　　　　　　　　　　　　　　　5億円
・事業後継者以外の相続人Bが取得した財産の合計額　　10億円
・配偶者はおらず相続人は事業後継者Aと他家に嫁いだB
・小規模宅地等の軽減特例は居住用宅地等を事業後継者が適用済

1　特定事業用宅地等の小規模宅地の特例の適用を受ける場合

⑴　特定事業用宅地等の小規模宅地の減少金額の計算

　3億円÷400㎡×400㎡×80％＝2億4,000万円

⑵　相続税の総額

　{(20億円－2億4,000万円)－(基礎控除3,000万円＋600万円×2)}

　　　　　　　　　　　　　　　　　　　　＝17億1,800万円

　17億1,800万円÷2＝8億5,900万円

　8億5,900万円×55％－7,200万円＝4億45万円

　4億45万円×2＝8億90万円

⑶　事業相続人Aの相続税額

　8億90万円×7億6,000円÷17億6,000円＝3億4,584.31万円

⑷　もう一人の相続人Bの相続税額

　8億90万円×10億円÷17億6,000円＝4億5,505.68万円

47　個人版事業承継税制と小規模宅地等の特例の選択の事例検討　209

2 特例事業用資産の相続税の納税猶予の適用を受けた場合

ステップ1 相続税の総額及び特例事業相続人等の相続税額の計算

⑴ 相続税の総額

{20億円 − (基礎控除3,000万円 + 600万円 × 2)} = 19億5,800万円

19億5,800万円 ÷ 2 = 9億7,900万円

9億7,900万円 × 55% − 7,200万円 = 4億6,645万円

4億6,645万円 × 2 = 9億3,290万円

⑵ 特例事業相続人等Aの相続税額

9億3,290万円 × 10億円 ÷ 20億円 = 4億6,645万円

⑶ もう一人の相続人Bの相続税額

9億3,290万円 × 10億円 ÷ 20億円 = 4億6,645万円

ステップ2 特定事業用資産のみであると仮定して計算した後継者の相続税額

⑴ 相続税の総額

{(5億円 + 10億円) − (基礎控除3,000万円 + 600万円 × 2)}

= 14億5,800万円

14億5,800万円 ÷ 2 = 7億2,900万円

7億2,900万円 × 55% − 7,200万円 = 3億2,895万円

3億2,895万円 × 2 = 6億5,790万円

⑵ 特例事業相続人等の相続税額(納税猶予税額)

6億5,790万円 × 5億円 ÷ (5億円 + 10億円) = 2億1,930万円

ステップ3 後継者の納付相続税額

4億6,645万円 − 2億1,930万円 = 2億4,715万円

この事例の場合、特例事業用資産の相続税の納税猶予の適用を受けた場合には、相続税の総額が9億3,290万円でそのうち特例事業承継相続

人等以外のＢの相続税額は４億6,645万円となります。特例事業承継相続人等Ａの相続税額は４億6,645万円ですが、そのうち２億1,930万円は納税が猶予されますので、納付税額は２億4,715万円となります。結果、二人分の納付相続税額の合計額は７億1,360万円となります。小規模宅地等の特例の適用を受けた場合には、二人分の総額は８億89.99万円となります。相続税の納税猶予を受けたほうが総額で約8,730万円少なく済むことになりますので、多少のリスクがあってもこちらのほうが有利であるといえるでしょう。

　もっとも、もう一人の相続人Ｂの相続税額は小規模宅地等の特例の適用を受ければ４億5,505.68万円で、納税猶予の特例の適用を受けると４億6,645万円となりますので、小規模宅地等の特例のほうが1,139.32万円少なくなります。この点は事業相続人のＡがＢとしっかり話し合って調整をする必要があるでしょう。

【事例2】 納税猶予適用と小規模宅地等の特例適用の比較表

相続による取得財産		納税猶予適用の場合		小規模宅地等の 特例適用の場合	
事業後継者 A	特定事業用 宅地等	3億円		6,000万円	
	その他の特定 事業用資産	2億円		2億円	
	その他の財産	5億円		5億円	
その他B　財産の合計額		10億円		10億円	
相続税の総額		9億3,290万円		8億90万円	
各人の相続税額		A	B	A	B
		4億 6,645万円	4億 6,645万円	3億 4,584.31万円	4億 5,505.68万円
納税猶予税額		2億1,930 万円	－	－	－
各人の納付税額		2億 4,715万円	4億 6,645万円	3億 4,584.31万円	4億 5,505.68万円
合計納付税額		7億1,360万円		約8億90万円	

【事例3】 財産総額20億円うち事業用宅地等3億円・

他の特定事業用資産なしの場合

【事例2】 では財産総額20億円でそのうち特定事業用資産の合計額が5億円、うち特定事業用宅地等が3億円の設定でした。この場合には小規模宅地等の特例よりも納税猶予のほうが相続税の総額が約1億円少なくなりました。では、事業後継者が取得する財産の総額は **【事例2】** と同じ10億円で、特定事業用資産が特定事業用宅地等の3億円のみ、その他の資産が7億円とした場合にはどうなるでしょうか。

・特定事業用資産の合計額（特定事業用資産に対応する債務引受はない。葬式費用控除済み。）　　　　　　　　　　　　　　　3億円

　（特定事業用宅地等　400㎡　評価額3億円のみ）

・事業後継者Aが取得した住宅や預貯金等のその他の資産の合計

　　　　　　　　　　　　　　　　　　　　　　　　　　　　　　7億円

・事業後継者以外の相続人Bが取得した財産の合計額　　　10億円

・配偶者はおらず相続人は事業後継者Aと他家に嫁いだB

・小規模宅地等の軽減特例は居住用宅地等を事業後継者が適用済

1　特定事業用宅地等の小規模宅地の特例の適用を受ける場合

(1)　特定事業用宅地等の小規模宅地の減少金額の計算

　　3億円÷400㎡×400㎡×80％＝2億4,000万円

(2)　相続税の総額

　　｛(20億円−2億4,000万円)−(基礎控除3,000万円＋600万円×2)｝

　　　　　　　　　　　　　　　　　　　　　　＝17億1,800万円

　　17億1,800万円÷2＝8億5,900万円

　　8億5,900万円×55％−7,200万円＝4億45万円

　　4億45万円×2＝8億90万円

47　個人版事業承継税制と小規模宅地等の特例の選択の事例検討　213

(3)　事業相続人 A の相続税額

　8億90万円×7億6,000円÷17億6,000円＝3億4,584.31万円

(4)　もう一人の相続人 B の相続税額

　8億90万円×10億円÷17億6,000円＝4億5,505.68万円

2　特例事業用資産の相続税の納税猶予の適用を受けた場合

ステップ1 相続税の総額及び特例事業相続人等の相続税額の計算

(1)　相続税の総額

　{20億円−(基礎控除3,000万円＋600万円×2)｝＝19億5,800万円

　19億5,800万円÷2＝9億7,900万円

　9億7,900万円×55％−7,200万円＝4億6,645万円

　4億6,645万円×2＝9億3,290万円

(2)　特例事業相続人等 A の相続税額

　9億3,290万円×10億円÷20億円＝4億6,645万円

(3)　もう一人の相続人 B の相続税額

　9億3,290万円×10億円÷20億円＝4億6,645万円

ステップ2 特定事業用資産のみであると仮定して計算した後継者の相続税額

(1)　相続税の総額

　{(3億円＋10億円)−(基礎控除3,000万円＋600万円×2)｝

　　　　　　　　　　　　　　　　　　　　　＝12億5,800万円

　12億5,800万円÷2＝6億2,900万円

　6億2,900万円×55％−7,200万円＝2億7,395万円

　2億7,395万円×2＝5億4,790万円

(2)　特例事業相続人等の相続税額（納税猶予税額）

　　5億4,790万円×3億円÷（3億円＋10億円）＝1億2,643.84万円

ステップ3　後継者の納付相続税額

　　4億6,645万円－1億2,643.84万円＝3億4,001.16万円

　相続財産の総額が20億円で同じでも、【事例3】の特定事業用財産が小規模宅地等の3億円だけの場合と【事例2】のその他の事業用財産が2億円あり合計5億円が納税猶予の対象となる場合では大きな違いが出ます。【事例3】の3億円の小規模宅地等だけの場合には猶予税額が1億2,643.84万円ですが、【事例2】の3億円の小規模宅地等とその他の財産が2億円ある場合では2億1,930万円と、なんと9,286.16万円もの差があります。その結果、事業後継者の納税額は【事例3】では3億4,001.16万円、【事例2】では2億4,715万円となります。

　【事例3】では二人合計の納付相続税額は、小規模宅地の特例の適用を受けた場合8億90万円ですが、納税猶予の適用を受けた場合には8億646.16万円となり、小規模宅地等の特例の適用を受けたほうが有利で、その差額は556.16万円になります。【事例2】では納税猶予のほうが小規模宅地等の特例適用より約8,730万円も有利になります。その違いの理由は小規模宅地等以外の特定事業用資産があるかないかです。

　小規模宅地等以外の特定事業用資産である建物の評価額や他の減価償却資産の金額が大きい場合には、納税猶予額が大きくなりこれに対応する相続税額が全額猶予されるために納税額が少なくなります。これらの金額が少ない場合には、小規模宅地等の400㎡までの評価額については小規模宅地等の特例を適用すればその80％が減額されるため、大きな金額の差が生じないことになるのです。

47　個人版事業承継税制と小規模宅地等の特例の選択の事例検討　215

【事例2】と【事例3】の納税猶予の比較表

相続による取得財産		事例2		事例3	
事業後継者A	特定事業用宅地等	3億円		3億円	
	その他の特定事業用資産	2億円		0	
	その他の財産	5億円		7億円	
その他B　財産の合計額		10億円		10億円	
相続税の総額		9億3,290万円		9億3,290万円	
各人の相続税額		A	B	A	B
		4億6,645万円	4億6,645万円	4億6,645万円	4億6,645万円
納税猶予税額		2億1,930万円	−	1億2,643.84万円	−
各人の納付税額		2億4,715万円	4億6,645万円	3億4,001.16万円	4億6,645万円
合計納付税額		7億1,360万円		8億646.16万円	

[著　者]

今仲　　清〔いまなか・きよし〕税理士

　1984年、今仲清税理士事務所開業。1988年、(有)経営サポートシステムズ設立、代表取締役就任。現在は株式会社に変更。2013年、税理士法人今仲清事務所設立、代表社員に就任。現在、不動産有効活用・相続対策の実践活動を指揮しつつ、セミナー講師として年間100回にものぼる講演を行っている。

(一財)都市農地活用支援センターアドバイザー。(公財)区画整理促進機構派遣専門家。事業承継協議会事業承継税制検討委員会委員。

〈主　著〉

『一問一答　新しい都市農地制度と税務─生産緑地の2022年問題への処方箋─』共著『平成30年度改正対応　特例事業承継税制徹底活用マニュアル』『書類準備・手続のフローがすぐ分かる！　相続税の申告書作成ガイドブック』『生前から備える財産承継・遺言書作成マニュアル』『同族会社の新会社法制・新税制対応マニュアル』(以上、ぎょうせい)、『新時代の事業承継』共著『図解　都市農地の特例活用と相続対策』共著(以上、清文社)、『病院・診療所の相続・承継をめぐる法務と税務』共著(新日本法規出版)、『相続税の申告と書面添付』共著『2019年版　すぐわかる　よくわかる　税制改正のポイント』共著『中小企業の経営承継戦略』共著(以上、ＴＫＣ出版)

税理士法人　今仲清事務所／㈱経営サポートシステムズ

〒591-8023 大阪府堺市北区中百舌鳥町 5-666

ホームページ http://www.imanaka-kaikei.co.jp

徹底比較！
個人版事業承継税制・小規模宅地特例の活用マニュアル

令和元年 8 月 30 日　第 1 刷発行

著　者	今　仲　　清
発　行	株式会社 **ぎょうせい**

〒 136-8575　東京都江東区新木場 1-18-11

電　話　編　集　03-6892-6508
　　　　　営　業　03-6892-6666
　　　　　フリーコール　0120-953-431

〈検印省略〉

URL　https://gyosei.jp

印刷ぎょうせいデジタル㈱　　　　　　　　　©2019　Printed in Japan
※乱丁・落丁本はお取り替えいたします。
ISBN978-4-324-10667-9
（5108536-00-000）
［略号：個人事業小規模］